삼성
브랜드는
왜 강한가

삼성 브랜드는 왜 강한가

초판 1쇄 발행 2009년 7월 7일

지은이 신철호 · 이화진 · 하수경
기 획 한성출판기획
펴낸이 김건수

펴낸곳 김앤김북스
주 소 서울시 중구 수하동 40-2 우석빌딩 903호(100-210)
전 화 773-5133 **팩스** 773-5134
출판등록 2001년 2월 9일 (제12-302호)

ISBN 978-89-89566-45-8   03320

삼성
브랜드는
왜 강한가

대한민국 1등 삼성의
브랜드 관리 전략

신철호 · 이화진 · 하수경 지음

SAMSUNG

김앤김
북스

01 삼성 브랜드 만들기

02 삼성표 브랜드 관리하기

C.O.N.T.E.N.T.S

03 삼성 브랜드 알리기

04 삼성 브랜드 리더십

C.O.N.T.E.N.T.S

세계적인 투자가이며 버크셔 해서웨이(Berkshire Hathaway)의 회장 겸 CEO인 워런 버핏(Warren Buffet)은 "기업이 명성을 쌓는 데는 20년이 걸리지만, 무너지는 데는 단 5분이 걸린다."고 했다. 즉, 기업이 브랜드 자산을 구축하기 위해서는 장기간의 꾸준한 노력과 관심 그리고 투자가 요구되지만, 순간의 실수로 기업의 사회적 책임에 반하는 행동을 하면 수십년간 쌓아올린 브랜드 자산가치는 하루 아침에 무너진다는 것이다. 그러므로 기업의 브랜드 자산가치는 공중으로 던져지는 저글링 볼처럼 전사적 차원에서 꾸준하고 정성스럽게 관리되어야 한다.

그동안 기업 경영에 있어 중심이 되어온 화두를 살펴보면 70년대와 80년대 매출액 중심에서 90년대 후반이후 수익 중심 그리고 21세기에 접어들면서 시장가치 극대화 중심으로 바뀌어왔다. 따라서 오늘날 기업 경쟁력은 브랜드 가치, 신용, 이미지 등 무형자산이 주요 기반이 되며 최근에는 지속가능성을 확보하여 장수기업이 되는 것이 초유의 관심사가 되었다. 즉 많은 기업들이 특정시점이나 특정기간에 큰 수익을 내는 것보다 오랫동안 꾸준한 수익을 창출하는 장수기업을 목표로 하고 있다. 이는 기업이 특정시점이나 기간에 아무리 잘 나간다고 하더라도 한순간 내부나 외부의 위기 때문에 순식간에 사라져 버리고나면 내부 구성원뿐 아니라 투자자, 공급업체, 지역사회, 국가에 미치는 피해가 너무 크다는 데에 그 이유가 있다.

따라서 기업이 브랜드 약속을 정의하고 이를 일관되게 커뮤니케이션해 이해관계자들에게 신뢰와 지지라는 브랜드 자산을 얻는 일련의 브랜드 경영 활동은 기업의 장수경영 그 자체이다. 이는 롱런 파워 브랜드(Long-run Power Brand)가 고객과 오랫동안 흔들림 없는 유대 관계를 구축하는 데 성공한 브랜드를 의미하기 때문이다.

롱런 파워 브랜드들은 시장 환경 변화가 몰고 온 위기 상황에 대해 적절히 대처하고 스스로 미래 환경을 예측하여 변화를 시도하는 한편 기업과 제품의 핵심가치를 고집스럽게 지켜옮으로써 오랫동안 소비자들의 사랑을 받아왔다는 공통점을 지니고 있다. 따라서 롱런 파워 브랜드는 브랜드 자체가 아니라 브랜드에 대한 기업 철학과 믿음으로 만들어진다. 한 그루의 나무를 키우기 위해서 씨앗을 뿌리고 적절한 양분과 물을 공급하듯이 하나의 가치 있는 롱런 파워 브랜드를 만들기 위해서는 브랜드의 씨앗을 뿌리고 자식처럼 소중히 가꾸는 수많은 사람들의 정성과 노력이 필요하다.

이에 저자들은 수차례 위기를 거치면서도 꾸준히 기업 명성을 유지하여 한국의 대표 롱런 파워 브랜드로 평가받는 삼성에 관심을 가지게 되었다. 따라서 삼성그룹을 브랜드란 돋보기를 가지고 조망하기로 했다. 동 책자는 일종의 기술적인 사례 연구(Descriptive Case Study) 스타일로 작성되었다. 기존에 삼성과 관련된 저술, 언론 보도, 각종 자료들을 취합하고 이를 브랜드 전략 관점에서 조망했다. 즉 삼성그룹이 창립 이래 오늘날 한국을 대표하는 글로벌 기업으로 자리 잡는 데까지의 통시대적인 경영활동을 브랜드라는 주제를 가지고 정리했다.

서론에서는 왜 삼성의 브랜드 경영에 대해서 살펴보아야 하는지에 대해서 공감대를 형성하고, 1장 '삼성 브랜드 만들기'에서는 삼성이라는 브랜드의 아이덴티티에 대해서 살펴보았다. 2장 '삼성표 브랜드 관리하기'에서는 인재제일의 삼성 가치가 어떻게 내부 브랜드화되었는가에 대해서 살펴보고 CEO 브랜드로 이병철 창업주와 이건희 전 회장을 비교 분석했다. 3장 '삼성 브랜드 알리기'에서는 삼성의 브랜드 커뮤니케이션과 PR 그리고 사회공헌 활동을 통한 브랜드 이미지 관리에 대해서 살펴보았다. 4장 '삼성 브랜드 리더십'에서는 삼성을 글로벌 브랜드로 자리매김시킨 기술 경영, 디자인 경영, 글로벌 경영에 대해서 알아보았다. 5장 '삼성 브랜드 자산가치 관리'에서는 삼성의 브랜드 자산 구축과 자산가치 강화 전략에 대해서 서술하였다. 마지막 6장 '삼성 브랜드 다시 보기'에서는 삼성 브랜드를 재조망하면서 향후 발전 방향을 제시하였다.

기업 연구 사례에 대한 분석은 관점에 따라서 다른 결론이 유도될 수 있다. 이는 기업의 성공요인이 다양하고 복잡한 원인결과로 연결되어 있기 때문이다. 동 책자는 서두에서 밝혔듯이 브랜드 비전, 브랜드 개성, 브랜드 가치, 브랜드 커뮤니케이션, 브랜드 자산가치 관리 등의 부품으로 구성된 브랜드 카메라를 들고서 각 장의 제목을 따라서 다섯 장의 사진을 찍어낸 것이다. 각 사진들은 카메라의 초점이 잘 맞았을 수도 있고 선명하지 않았을 수도 있다. 또 어떤 장은 노출이나 셔터 속도가 잘 맞은 부분도 있고 부족한 부분도 있을 것이다.

그럼에도 불구하고 동 책자는 브랜드라는 주제를 가지고 삼성이라는 회사를 일관되게 조망하였다는 데 의의를 둘 수 있을 것이다.

저자들을 대표해서

신철호

왜 삼성의 브랜드 경영인가

모든 산업은 소비자가 원하는 제품과 서비스를 제공하기 위해 다수의 기업들이 서로 경쟁하면서 시작된다. 그런데 경험적으로 기업 간 경쟁은 경합을 거듭하다가 극히 소수의 기업만이 살아남아서 시장을 지배하게 된다. 특히 급변하는 경영환경에서도 흔들리지 않고 일등의 자리를 고수하고 있는 기업만이 소비자들의 기억에 남는 시대가 되었다.

우리나라에서 삼성이 일등 자리를 고수하면서 소비자들에게 최고의 브랜드로 기억되는 것은 1938년부터 현재까지 70여 년간의 치열한 경쟁 환경에서 경쟁우위를 점해 왔기 때문이다. 경쟁우위는 오랫동안 기업 전략에 의하여 구축된 것이며, 이를 통상 기업의 핵심역량이라 부른다. 이러한 경쟁우위의 원천은 그 자체가 수익을 창출할 수 있어야 하며, 다른 기업과 차별화되는 희소성이 있어야 한다. 그리고 다른 기업들이 모방하거나 대신할 수 없어 고객의 마음속에 차별적으로 각인되는 것이어야 한다.

구찌의 예를 살펴보면, 구찌오 구찌(Gucci)는 1923년 구찌가 피렌체에서 첫 가게를 내면서 시작되었다. 그 이후 구찌 브랜드는 1950년대에 전성기를 누렸고, 구찌오 구찌의 이니셜을 형상화한 'GG로고'는 상류층의 상징으로 떠올랐다. 그러나 구찌 가문은 회사의 경영권을 놓고 심한 분쟁을 벌였다. 직접 제품을 만들지 않고 로고만 빌려주는 라이센스 제품의 남발과 악성 루머로 구찌의 이미지가 실추되기도 하였다. 위기에 처했던 구찌는 구찌 가문의 손을 벗어나면서 극적으로 회생할 수 있었다. 구찌가 경영의 위기를 겪으면서도 구찌 그룹으로 되살아 날 수 있었던 것은 오랜 시간 동안 구축된 구찌 브랜드의 독특한 경쟁우위 때문이었다.

그렇다면 삼성은 어떠한 핵심역량을 발휘하여 한국 최고의 브랜드가 될 수 있었는지에 대해 조명해 볼 필요가 있을 것이다. 삼성이 브랜드 경영을 전략적으로 실행하였던 아니던 현 시점에서의 삼성 브랜드는 한국을 대표하는 브랜드임에는 틀림없기 때문이다.

한국 시장에 많은 기업과 제품들이 브랜드를 내걸고 시장에서 격돌하고 있지만 제대로 브랜드를 관리하고 운영하는 회사는 많지 않다. 그 중 삼성은 브랜드 관리 측면의 다양한 이론과 지침들을 한국 상황에 맞게 잘 적용하고 있는 대표적 기업이다. 삼성의 브랜드 경영 활동을 살펴보면 국내 어떤 기업보다 이론적·실행적 측면에서 체계적으로 수행해 왔으며, 성과 측면에서도 세계적인 수준에 뒤지지 않을 정도라고 평가할 수 있다.

우리는 흔히 브랜드를 광고나 또는 캠페인을 통해 만들어지는 마케팅의 결과라고만 생각하기 쉬우며, 기업들 또한 이러한 오류를 흔히 범하는 것이 사실이다. 하지만 브랜드는 기업의 모든 경영 활동을 통해서 구축되는 것이며, 고객만이 아니라 조직 구성원인 종업원, 주주 등 이해관계자 모두가 그 대상이다. 삼성은 전사적 차원에서 브랜드를 관리해 온 대표적인 기업으로 평가할 수 있다. 즉, 삼성이라는 브랜드에는 이병철과 이건희라는 CEO 브랜드가 있으며, 삼성을 이끌어가는 수많은 임직원들, 즉 삼성맨이라는 브랜드가 있다. 삼성맨들은 고용시장에서 최고의 가치를 인정받고 있으며, 예비 삼성인들에게도 분명 매력적인 브랜드이다.

인생과 마찬가지로 사업에도 성공을 위한 법칙이 따로 있는 것은 아니다. 무엇보다 기업성공에 중요한 것은 기업이 현재 가지고 있는 능력과 자원, 처해 있는 환경, 그리고 기회에 가장 적합한 전략을 개발하고 실천하는 것이라고 할 수 있다. 따라서 삼성의 기업 활동을 브랜드라는 측면에서 접근하여 분석하는 것은 의미가 있다고 할 수 있다.

삼성은 자신이 잘 할 수 있는 핵심 분야를 찾아내 모든 기업 역량을 집중시킴으로써 단기간에 일류 기업으로 도약할 수 있었다. 그 과정에서 삼성만의 인재 교육 시스템을 구축하였고 삼성만의 가치로 인정받고 있는 삼성맨들을 육성하였다. 그 결과 삼성은 누구도 넘보기 어려운 막강한 경쟁우위와 브랜드 가치를 구축하게 되었다. 그리고 뛰어난 마케팅 활동과 문화예술 투자, 사회공헌 활동 등을 통해 삼성 브랜드 가치를 더욱 공고히 하고 있다.

얼마 전 기타오카 도시아키라는 일본인이 집필한 삼성에 관한 책을 보면 "천하의 소니가 삼성에 뒤떨어진다는 것은 일본인에게는 쇼

크다. 소니여! 뭘하고 있느냐? 경영자여! 뭘하고 있었느냐? 자고 있었느냐? 분노가 치밀어 오른다."는 문구가 있다. 그리고 소니는 소니만의 것이 아니고 소니는 일본인의 것이기 때문이며 올림픽 경기에서 소니라는 선수가 삼성이라는 선수에게 진 것이며 이는 일본인으로서 유감과 분통의 극치라고 하였다. 더구나 삼성이 일본 기업의 모방에서 시작되었고, 일본이 삼성의 스승이요 선생이기 때문에 이러한 분노는 더하다고 표현하였다. 결국 이제 일본 기업이 삼성을 배워야 한다고 하였다.

삼성도 이제 삼성의 것이 아니고, 창업자 이병철 회장의 것도 이건희 회장의 것도 아니다. 삼성의 광고 슬로건처럼 삼성은 한국의 대표 브랜드이다. 이럴 때일수록 삼성 브랜드에 대한 책임감을 가지고 브랜드 관리를 더욱 철저히 해야 한다.

브랜드란 한 순간에 그 이미지가 실추될 수 있고 이미지가 실추되면 브랜드 파워의 지속력을 잃게 된다. 더구나 '1등 브랜드 삼성', '세계에서 약진하고 있는 삼성' 브랜드에 대해서는 그 어느 브랜드보다 이목이 집중되어 있고 공격을 당하기 쉽다는 점에서 늘 이러한 위험 속에 있다.

따라서 그 어느 때보다 삼성이 대한민국 대표브랜드로 자리매김하는 데는 많은 도전이 기다리고 있다. 삼성이 진정한 대한민국 대표브랜드가 되려면 한층 더 도약해 지속적인 경쟁우위를 가진 글로벌 브랜드가 되어야 할 것이다. 이에 본서에서는 이러한 취지에 맞춰 전사적인 차원에서 삼성의 브랜드 경영에 대해서 분석하였으며 향후 지속 가능한 브랜드가 될 수 있도록 하는 몇 가지 핵심 이슈들을 다루어 보았다.

01
___

삼성 브랜드 만들기

"삼(三)은 크고 많고 강하다는 뜻이며, 우리 민족이 가장 좋아하는 숫자지. 성(星)은 밝고 높고 깨끗이 빛나며 또 영원한 그 무엇이야. 이런 바람을 담아 삼성(三星)이란 이름을 지었어." 이병철 회장이 기업명을 삼성이라고 지은 이유에 대해서 설명한 말이다.

삼성 브랜드의 기초

선택과 집중[1]

삼성의 뿌리는 1938년 3월 1일 대구에서 고 이병철 회장이 무역업으로 삼성상회를 창립하면서 시작된다. 1948년에는 삼성물산공사를 설립하였으나 전쟁으로 인해 사업의 기반을 잃은 뒤 1951년 삼성물산으로 새로운 출발을 하면서 제일제당과 제일모직 설립, 그리고 안국화재 등을 인수해 금융업에 진출하는 등 삼성그룹의 체계를 마련하게 된다.

이후 1970년대에는 전자산업, 중화학공업, 정밀·항공산업, 건설 및 플랜트업에 진출하게 되는데, 삼성이 세계적인 브랜드로 거듭날 수 있도록 해준 것은 바로 반도체 사업이다.

삼성은 '첨단 산업의 이정표', '산업의 쌀' 로 불리어지는 반도체에 도전하였고, 1983년 12월 64K D램 개발에 성공함으로써 우리나라를 반도체 생산국의 반열에 올려놓았다. 그리고 이를 시작으로 삼성 브랜드를 세계 시장에 알리게 된다.

그로부터 10년 뒤인 1993년, 삼성전자는 반도체 부문에서 2조 5천억원의 매출을 올려 'D램 분야 세계 1위' 를 2연패하고, '메모리 분야 1위' 에 등극하는 등의 성과를 거두게 된다. 또 반도체 전체로는 7위로 올라서게 되는데, 이는 세계 기업사에서 유례를 찾아보기 힘든 초고속 질주였다.

삼성의 반도체 신화는 1983년 이병철 회장의 '2·8 동경구상' 에서 출발한다.

창업이후 지난 50여 년간 수많은 사업을 벌여오면서 남다른 경륜과 안목을 쌓아온 이병철 회장이였지만 반도체 사업은 이전과 전혀 달랐다. 당시 상황에서 국내 기업들에게 반도체 사업이란 너무나 큰 '벽' 이었기 때문이었다. 삼성이 벌려놓은 다른 사업과 비교해 볼 때 반도체 사업은 선진국과의 극심한 기술격차와 막대한 자금마련, 고도의 기술 두뇌확보, 짧은 라이프사이클 등 위험이 큰 '도박' 이었다. 섣불리 반도체 산업에 뛰어들었다가 실패한다면 삼성그룹 전체가 흔들릴 수도 있었으며, 이는 국가 경제에도 막대한 영향을 미칠 수밖에 없었기 때문이다.

1982년 중반 이병철 회장이 '반도체를 하겠다' 라는 생각을 정부에 넌지시 비추었을 때 정부는 "반도체를 생산하려면 수억 달러를 투자해야 하는데 형편상 어렵고 너무 위험하다."며 반대했다고 한다.

청와대도 발 벗고 나서서 "반도체처럼 불확실한 사업에 대규모로 투자를 했다가 실패하면 국민경제에 엄청난 영향을 미칠 것"이라며 자제해 줄 것을 이병철 회장에게 요청했을 정도로 삼성이 반도체 사업을 시작하는 것은 위험한 도전일 수 밖에 없었다.

재계 또한 마찬가지였다. 대부분의 기업들이 이 회장의 사업구상에 냉소어린 시선을 보냈다고 한다. 한 재벌 그룹의 총수는 사석에서, "미국, 일본의 최고 기업들도 힘겨워 하는 반도체를 우리나라에서 어떻게 한다는 말이냐. 보나마나 3년도 못가 실패할 것"이라며 이 회장을 비웃기도 했다.

1983년 당시, 우리나라 경제는 최악의 상황에서 간신히 벗어나고 있었다. 1979년 중동의 산유국들이 석유 가격을 59%나 올려 전 세계에 충격을 준 가운데 불황에 직면한 선진국들은 개발도상국 제품의 국내 침투를 막기 위해 높은 보호 장벽을 쌓았다. 이에 따라 '수출만이 살길'이라는 믿음 하나로 돈이 될 만한 것은 모두 끌어다 수출했던 우리나라는 심각한 타격을 입을 수밖에 없었다.

1979년 10·26 사태에 이어 1980년 5·18 광주 민주 항쟁 등 일련의 정치적 사건으로 산업 활동이 크게 위축됐을 뿐 아니라 농업부문에서는 냉해까지 겹쳐 1980년 우리나라 경제는 20년만에 국민 총생산이 전해보다 6.2% 떨어지는 마이너스 성장을 기록했다. 불황은 1982년 국내 산업을 휘감았다. 이 위기를 넘기면서 이 회장은 '뭔가 남다른 것을 해야겠다'고 생각했다. 우리 실정에도 맞고, 우리가 해서 남보다 앞설 수 있는 것, 이윤이 많이 남는 새로운 사업을 찾고자 했다.

그는 미국, 일본을 방문해 평소 친분이 있던 사람들을 만나고 여러 공장을 둘러봤다. 수차례의 여행결과, 그는 손톱만한 크기의 새까만 물체 하나가 비싼 값에 팔리고 있으며, 이 물체를 만들어내는 공장이야말로 노다지나 다름없다는 사실을 발견했다. 물론 이병철 회장은 반도체가 무엇인지 그 전부터 알고 있었고, 당시에 삼성도 일부 저급 반도체를 만들고 있었다. 많은 전문가들의 조언을 듣고 NEC나 산요(SANYO)같은 일본 기업체의 회장들과 이야기를 나누는 가운데 그의 확신은 점점 굳어져 갔다. 손톱만한 반도체가 삼성에게 거대한 영광을 안겨다 줄 것이라고 그는 믿었고, 그러한 신화는 결국 성공으로 이어졌다.

2·8 동경 구상은 이 같은 만류와 조소에 대한 이병철 회장의 정면 돌파였고, 결국 이병철 회장은 홍진기 당시 중앙일보 회장에게 전화를 걸어 다음과 같이 요청했다고 한다. "삼성은 누가 뭐라 해도 반도

체를 할테니 이 사실을 내외에 발표해 주시오."

그때가 1983년 2월 8일이었다.

홍진기 회장은 다음 달인 3월 15일 '우리는 왜 반도체 사업을 해야하는가?' 라는 선언문을 삼성그룹 이름으로 발표하였고, 이때부터 반도체를 중심으로 한 삼성의 집중화 전략이 시작되었다.

이병철 회장은 1970년대 두 차례의 오일 쇼크를 겪으면서 "자원이 없는 우리나라가 선진국 틈에 끼여 치열하게 경쟁하려면 머리를 쓰는 수밖에 없다."고 생각해 왔다. 머리를 이용한 첨단 기술을 개발해 부가가치가 높은 하이테크 산업에 집중해야 한다는 것이 그의 지론이었다. 호암자전에는 삼성의 사업 선택에 있어서의 가치 기준을 다음과 같이 명시하고 있다.

> "언제나 삼성은 새 사업을 준비할 때는 그 기준이 명확했다. 국가
> 적 필요성이 무엇이냐, 국민의 이해가 어떻게 되느냐, 또한 세계
> 시장에서 경쟁할 수 있느냐 등이 그것이다. 이 기준에 견주어 현
> 단계의 국가적 과제는 '산업의 쌀'이며 21세기를 개척할 산업혁
> 신의 핵인 반도체를 개발하는 것이라고 판단했다."

1983년 이병철 회장의 과감한 선택과 집중 전략을 통해 오늘날의 삼성 브랜드는 그 기초를 다질 수 있었다.

이러한 예를 소니를 통해 살펴보면, 소니의 전신인 도쿄통신공업 주식회사 창업 당시에 사장인 이부카는 세계적으로 각광받고 있던 라디오 제조에 뛰어드는 데 반대하였다고 한다. 대기업들마저 고군분투하는 분야에 진출해 봐야 승산이 없다는 이유에서였다. 더욱이

1950년대 후반 라디오 보급률은 이미 70%를 넘고 있었으며, 신규 진출을 받아들일 만한 여유도 없었기 때문에 이 시기에 라디오 생산에 뛰어드는 것은 상식적으로 이해할 수 없는 일이었다.

그러나 1947년 미국의 벨 연구소에서 발명한 트랜지스터에 관한 정보를 듣고 이부카는 생각을 바꿨다. "현재 라디오 보급률은 가구별 보급률을 의미한다. 개인별 보급률을 생각하면 아직 제로에 가깝다. 진공관을 트랜지스터로 대체하면 라디오는 소형화, 경량화, 저소비 전력화할 수 있다. 그렇게 되면 개인 휴대용 라디오를 만들 수 있으며, 그것은 전혀 새로운 시장이다"라고 생각하였다. 이부카와 모리따는 아직 형태도 없는 트랜지스터와 트랜지스터 라디오에서 그 가능성을 간파한 것이다.

소니가 오늘날 일본의 대표브랜드로 자리잡게 된 이유는 트랜지스터와 라디오를 만들어낸 기술력이 아니라 개인용 휴대시장이라는 초기의 시장을 볼 수 있었다는 데 있다.

이렇듯 기업이 경쟁우위를 확보하기 위해서는 기업 경영의 주체인 최고경영자가 내·외부 환경을 정확히 파악하고 올바른 전략을 수립할 수 있어야 한다. 다시 말해 시장을 얼마나 정확하게 파악하느냐가 기업의 성장을 결정하는 중요한 요인이 되며, 이를 통해 경쟁우위를 확보하는 것이 곧 브랜드의 기초를 다지는 일이다.

양보다는 질

1987년 12월 1일 호암아트홀에선 삼성그룹 신임 회장의 취임식이 열렸다. 이건희 회장은 사장단의 추대 형식으로 삼성그룹의 승계를 인정받게 된다.

이건희 회장도 이병철 회장의 뒤를 이어 삼성의 주력사업이라고 생각한 반도체 사업에 과감하게 투자하는데, 훗날 '자쿠로 회동' 이라고 불리우는 일화에도 잘 나타나 있다.[2]

삼성전자가 반도체 사업을 시작한 지 15년만인 지난 2001년 8월 일본 도시바(Toshiba)가 반도체 부문의 제휴를 삼성에 요청하였다. 이는 삼성이 처음 반도체 사업을 시작할 당시 일본 업체들로부터 받은 문전박대를 생각하면 일본 기업의 제휴 요청은 과소평가할 수 없는 사건이었다.

도시바가 삼성에 제휴를 요청할 당시 일본 도쿄 오쿠라 호텔에 머물고 있던 이건희 회장은 윤종용 삼성전자 부회장, 이윤우 반도체 총괄 사장, 이학수 구조조정 본부장, 황창규 삼성전자 메모리 사업부 사장을 현지로 급히 불러들여 호텔 옆 음식점 '자쿠로' 로 갔다. 후에 '자쿠로 회동' 으로 불리는 이 자리에서 이 회장은 황창규 사장에게 "도시바가 낸드 플래시 메모리 합작 제안을 해왔는데, 독자적으로 개발해 도시바를 이길 수 있겠느냐?"고 물었다.

도시바는 그 당시 구조조정으로 D램 사업을 정리하면서 낸드 플래시 메모리 사업에 승부수를 걸고 삼성전자에 기술 및 자본 협력을 포함한 광범위한 제휴를 제안했다. 도시바는 낸드 플래시 메모리 원천 기술을 보유하고 있었고, 당시 세계 시장 점유율면에서도 삼성전자의 26%보다 훨씬 많은 45%를 기록하고 있었다. 그런데도 도시바가 삼성에 극비 제안을 했던 것은 낸드 시장을 완전히 장악하고 삼성을 견제하기 위한 전략이었다.

그 자리의 결론은 "지금은 뒤지지만 수년 안에 따라잡을 수 있다."

는 것이었다. 수종 사업으로 키워온 핵심 프로젝트를 독자적으로 추진하는 것이 바람직하다는 판단 하에 도시바의 제안을 거절했고, 당시로서는 도시바에 견줘 생산비용과 기술 수준이 뒤처졌지만 수년 안에 따라잡을 수 있음을 확신했다.

결과는 2003년 세계 시장 점유율이 도시바가 30%미만인데 반해 삼성이 60%로 세계시장 1위를 차지하는 것으로 나타났다.

비전을 설정하고 한 방향을 향해 나아가는 과감한 전략과 1등 제품을 만들겠다는 투자정신이 삼성으로 하여금 플래시 메모리 시장을 석권하게 했다. 이로써 한국 경제 호황을 주도한 D램 메모리 반도체의 바통을 이어받아 플래시 메모리는 단일 품목으로 한국에 가장 많은 순익을 안겨주는 제품으로 떠오르게 된다.

삼성전자는 반도체 사업을 선진국 경쟁사들보다 늦게 시작했지만, 1990년대 초반부터 세계 D램 시장에서 돌풍을 일으키며 세계 시장을 주도하고 있다. 1990년대 초반 D램 시장을 주도할 수 있었던 것은 미국 실리콘밸리에 현지법인을 세우고 재미 한국인 과학자들을 비롯한 고급 두뇌를 대거 확보, 국내 생산라인을 정상 가동할 수 있었기 때문이다. 삼성전자는 또 PC 등의 수요 사이클에 민감하게 연동되는 시장 특성을 정확히 예측해 주기적인 반도체 불황을 극복해 왔다. 시장 흐름을 잘 읽고 이에 대응하였으며 경쟁사보다 앞선 신제품 개발과 양산기술 확보 및 품질관리로 세계 1위 자리를 지키면서 막대한 수익을 벌어들이고 있다.

이건희 회장은 '각 분야 1위 전략'을 수립하고 삼성 브랜드를 더욱 탄탄하게 다졌다. 이병철 회장이 사업의 다각화 및 양적 경영을 통해 사업을 확장해온 반면, 이건희 회장은 1987년 제2창업 선언과 1993

년 신경영 선포 이후 본격적인 '질 경영'을 통해 삼성의 내실 다지기에 나서는 한편 브랜드 가치를 높이고 공고히 하기 위한 전략을 실행하게 된다.

특히 1993년 이건희 회장은 그룹의 전략사업을 분명히 할 필요성을 밝히고, 미래가 요구하는 사업에 대한 기회선점의 자세와 일석오조의 경영정신을 강조하였다.

> "우리 주변의 수많은 사업 가운데 우리가 '꼭 해야 할 사업'은 어떠한 장애가 있다하더라도 반드시 추진해야 하며, '해서는 안 될 사업'이나 '하지 않아도 좋은 사업'은 포기할 줄 아는 결단과 용기가 있어야 합니다. 우리는 정확한 정보력을 바탕으로 21세기를 위해 꼭 해야 할 사업은 무엇이며, 할 필요가 없는 사업은 무엇인가를 항상 파악하고 점검하여 대응해 나가야 할 것입니다."

이후 삼성은 사업구조 고도화를 위한 비주력 사업 부문의 정리를 시작했다. 특히 1998년 IMF를 계기로 삼성은 중공업의 중장비 부문을 스웨덴의 볼보에게 매각했고, 반도체 부천 공장을 미국의 페어 차일드에게, 물산 유통의 할인점 부문은 영국의 테스코에 매각했다.

한편 부채 비율 개선을 위해서도 국내외 자산을 매각하였다. 그러한 조치 덕분에 삼성은 1997년 말에 366%를 기록했던 부채 비율을 2000년에는 1/3수준으로 줄일 수 있었다. 선택과 집중의 원칙에 입각한 사업 구조조정도 과감하게 실시하여 18개사를 매각하고 5개사를 청산하였다. 이로써 삼성은 그룹 전체를 전자, 금융, 무역·서비스의 3개 핵심 업종으로 개편하게 되었다. 현재 삼성그룹의 모습은 사실상 이때 갖춰졌다고 할 수 있다.

이건희 회장은 또한 각 분야별로 수종 사업을 발굴해서 과감히 투자할 것을 강조하였다.

"신제품을 하나 개발하더라도 세계 최고를 만들어야 하며, 세계 시장에서 주목받을 만한 명품을 만들어야 합니다. '삼성' 하면 떠올릴 수 있는 세계 최고의 상품이 회사별로 최소한 하나씩은 있어야 하는 것입니다. 아울러 장기적인 안목에서 기회를 선점하는 신사업을 기획하고 미래에 유망한 기술과 상품을 찾아야 합니다. 21세기 삼성의 장래가 걸려 있는 수종 사업을 발굴해야 한다는 뜻입니다. 그렇게 해서 결정된 수종 사업에 대해서는 10년 후를 기약하며 나무를 가꾸듯이 투자하고 지원해야 합니다.

앞으로 어떤 수종 사업을 찾아내느냐에 따라 우리 삼성의 미래는 크게 달라질 것입니다. 새로운 수종을 찾아야 하고 잘못된 수종은 뽑아내야 합니다. 또한 수종 사업하면 흔히 제조 분야만을 생각하는 경향이 있는데, 비제조 분야에도 분명히 수종 사업이 있습니다. 특히 정보화가 진전될 수록 비제조 분야의 수종 사업은 그 중요성이 더욱 커질 것입니다."

삼성은 핵심 업종 위주로 사업을 개편하고 각 분야에서 1등 브랜드가 될 수 있도록 모든 역량을 집중해 왔다. 그 결과 삼성물산 주택부문은 2001년 2만여 가구의 아파트를 공급해 1위로 올라섰고, 건설부문도 정부 공사수주에서 30년 가까이 선두를 지켜 온 현대건설을 제치고 처음으로 수위를 차지하였다. 그리고 국내 최고의 트래디셔널 캐주얼 패션의 대명사로 일컬어지는 제일모직 빈폴은 고품질, 고가격, 노세일 전략을 통해 명품 브랜드의 이미지를 구축하였다.

금융 부문에서 삼성생명은 2000년말 기준 계약자 1,000만 명을 넘어서 교보와 대한생명을 크게 앞질렀으며, 산업정책연구원의 브랜드 자산가치 평가에서도 교보생명과 대한생명을 제치고 매년 1위를 차지하고 있다. 또한 2010년까지 자산 200조원 규모의 글로벌 종합금융서비스 회사로 도약한다는 21세기 신비전을 발표하기도 하였다.

전자 부문에서 삼성전자는 반도체 분야 1위 기업일 뿐만 아니라 애니콜 같은 세계적 브랜드를 보유하고 있다. 삼성전기는 2010년까지 세계 1위 제품 20개를 만들겠다는 비전을 발표하고 이를 실천하고 있다.

이건희 회장의 경영 어록에도 잘 나타나 있듯이 삼성은 질적 성장을 통한 브랜드 이미지 제고를 추진하고 있으며, 이를 위해 경쟁력을 갖춘 세계 1위 제품과 서비스를 개발하고 육성하는 데 모든 경영 역량을 집중시키고 있다.

"이제 우리 삼성은 세계최고의 기술, 제품, 사람, 시스템 경쟁력을 확보해 나가고 21세기 디지털 시대를 선점하는 개척자로서 소명을 다해야 합니다. 특히 세계시장에서 리더십을 발휘할 수 있는 1등 제품을 대폭 확대해 나가야 하겠습니다. 세계 1등 제품에는 결코 불황이나 적자가 있을 수 없으며, 1등 제품이 많으면 많을수록 우리가 얻는 수익도 그만큼 늘어나게 될 것입니다.

1등 제품이란 양적 시장 점유율만이 아니라 제품의 질적 가치와 수익력, 그리고 브랜드 이미지 등이 모두 세계 최고 수준에 올라선 제품을 의미합니다. 그런 제품을 얼마나 많이 만들어낼 수 있느냐에 우리의 미래가 달려 있음을 결코 잊어서는 안 될 것입니다. 세계 일류 기업으로 도약하는 우리의 목표는 경쟁력 향상이고, 경쟁력의 요체는 바로 1등 제품을 만들어 가는 것임을 분명히 깨달아야 하겠습니다."

아이덴티티 찾기와 구축

"삼(三)은 크고 많고 강하다는 뜻이며, 우리 민족이 가장 좋아하는 숫자지. 성(星)은 밝고 높고 깨끗이 빛나며 또 영원한 그 무엇이야. 이런 바람을 담아 삼성(三星)이란 이름을 지었어." 이병철 회장이 기업명을 삼성이라고 지은 이유에 대해서 설명한 말이다.

이병철 회장의 의지를 해석하자면, 현재 삼성이 내걸로 있는 슬로건인 '한국의 대표브랜드—삼성'과 일맥상통한다고 볼 수 있다. 즉, 우리 민족이 가장 좋아하는 기업, 높은 위상의 영원한 기업 모습을 그리며 삼성을 시작했다고 볼 수 있고, 이건희 회장 또한 이병철 회장의 이런 의지를 잘 담아냈다.

기업은 고객들에게 특정한 이미지로 비추어지는데, 이를 브랜드 전략적 측면에서 기업 아이덴티티(Corporate Identity)라고 한다. 즉, 기업 아이덴티티란 기업이 고객들에게 심어주고자 하는 이상적인 모습, 되고자 하는 모습을 의미하며, 이러한 아이덴티티가 고객들에게 전달되어 최종적으로 고객들이 인식하게 되는 심상(心象)이 곧 이미지가 된다.

BMW는 '우리 시대 최고의 자동차'라는 기업 아이덴티티를 가지고 있으며, 고객들은 BMW에서 안전성과 고급스러움을 떠올린다. 맥도날드는 '최고의 품질과 최상의 서비스를 제공해 고객들을 즐겁게 해주며', 고객들은 맥도날드에서 즐거움을 연상한다. 3M은 '아이디어가 넘치는 기업'이고, 스타벅스는 '커피 그 이상의 것을 경험할 수 있는 곳'이다.

삼성이 만들면 특별한 것이 있어야 한다

기업은 목표 고객들이 자사 브랜드에 대해 호의적이면서, 강력하고, 특별한 연상들을 갖도록 해야 한다. 이를 위해서 가장 기본적으로 고려해야 할 사항은 브랜드에 대한 소비자들의 이해를 돕는 것이다. 이러한 배경에서 등장한 것이 브랜드 아이덴티티의 구축이다.

앞서 언급한 바와 같이 기업 이미지는 고객과 기업 이해관계자들에게 비춰지는 그 기업의 모습이다. 기업이 과거 모습에서 벗어나 새로운 모습을 형성하기 위해서는 그 기업과 관련된 다양한 정보가 하나의 통일된 모습으로 일관성 있게 전달되어야 한다.

기업 아이덴티티는 기업의 목표나 방향 등을 가시적으로 전달하는 시각 아이덴티티(Visual Identity), 기업의 경영 이념이나 기업 윤리에 바탕을 둔 마음 아이덴티티(Mind Identity), 그리고 제도적, 정신적, 행동적 개혁처럼 기업 구성원의 인식 공감대를 창출하는 활동인 행위 아이덴티티(Behavior Identity) 등에 의해 복합적으로 결정된다.

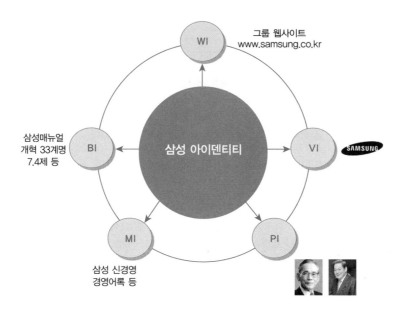

삼성의 기업 아이덴티티

최근에는 인터넷의 활성화로 인해 웹 아이덴티티(Web Identity)가 등장하였으며, 최고 경영자의 중요성이 높아짐에 따라 회장 아이덴티티(Chairman Identity) 또는 사장 아이덴티티(President Identity)도 기업 아이덴티티의 구성요소로서 중시되고 있다.

마음 아이덴티티(Mind Identity)는 기업의 경영 철학, 비전, 그리고 경영 이념으로, 이병철 회장 시절 삼성의 MI는 '사업보국', '인재제일', '합리추구'였으며, 이건희 회장 취임 후 삼성의 MI는 '신경영'으로 대표된다. 즉 '인재와 기술을 바탕으로 최고의 제품과 서비스를 창출해 인류사회에 공헌한다'는 것이 현재 삼성이 추구하는 경영 이념이자 전 구성원들이 공유해야 하는 마음 아이덴티티이다.

人材第一은 '기업은 사람이다' 라는 삼성의 인재에 대한 믿음입니다.

People

삼성은 모든 사람이 각자 고유한 역량과 잠재력을 가진 우수한 인재이며, 기업의 성패를 좌우하고 세상을 움직이는 원동력임을 믿습니다. 따라서 우수 인재를 뽑아서 최고 인재로 육성하며, 이들이 최대한의 역량을 발휘할 수 있도록 최상의 환경을 제공하고 있습니다.

最高指向은 '항상 최고를 추구한다' 는 뜻으로, 삼성을 움직이는 의지의 표현입니다.

Excellence

삼성의 역사는 2등에서 1등을, 국내에서 세계를, 일류에서 초일류를 지향해 온 최고 지향의 역사입니다. 삼성은 결코 작은 성공에 만족하거나 안주하지 않습니다. 항상 최고에 도전하고 세계 최고를 향한 경쟁에서 당당하게 승리하기 위해 노력합니다.

變化先導는 '늘 변화를 앞서간다' 는 삼성의 일하는 방식입니다.

Change

삼성은 현실안주를 퇴보로 인식하고, 끊임없이 변화와 혁신을 추구해 온 기업입니다. 앞으로도 삼성은 '변하지 않으면 살아남을 수 없다' 는 위기의식을 바탕으로 미래에 대비하여 세계시장을 리드하고 변화를 선도하는 기업이 되기 위해 노력할 것입니다.

正道經營은 '누가 뭐래도 바른 길을 간다' 는 삼성인의 마음가짐입니다.

Integrity

삼성은 내부적으로는 공과 사를 명확히 구분하고 부정없는 깨끗한 조직 풍토를 유지해 왔으며, 비즈니스에 있어서도 페어플레이 정신을 바탕으로 실력으로 정정당당하게 경쟁하고 있습니다. 삼성은 앞으로 윤리경영에 대한 시대적 요청에 부응하여, 법과 윤리를 철저하게 준수함으로써 사회로부터 신뢰받는 영속기업이 되기 위해 더욱 노력할 것입니다.

相生追求는 '나보다 남을 먼저 생각한다' 는 삼성의 기본 철학입니다.

Co-prosperity

삼성은 기업활동에 있어서 이익뿐만 아니라 「고객, 종업원, 협력업체, 주주, 국가·지역사회 그리고 인류 모두의 이익에 기여하는가」를 먼저 생각합니다. 앞으로도 삼성은 상생정신을 바탕으로, 나눔경영, 녹색경영 등 기업의 사회적 책임을 성실히 수행해 나갈 것입니다.

〈출처〉 삼성그룹 웹사이트(2006)

행위 아이덴티티(Behavior Identity)는 기업 비전을 구현하기 위하여 모든 직원들이 공통적으로 가져야 할 정신 자세를 말한다. 즉, 기업이 규정하고 있는 바람직한 인재상이나 사원정신, 정책적 방침 등이 이에 속한다. 특정한 인재상이나 사원정신, 방침들을 규정하는 목적은 내부 구성원들의 통일된 행동양식을 도출하기 위한 것이다.

삼성은 전 구성원들이 삼성 MI를 마음으로 받아들이고 실천할 수 있도록 하는 체계적인 BI시스템을 구축했다. 특히 1993년 신경영 선언 후에는 출퇴근 시간을 앞당기는 7.4제를 도입하는 등 일련의 조직 혁신 조치들을 취했다.

고객과의 접점 관리에 있어서 가장 중요한 자산은 내부 구성원들이며, 기업 아이덴티티가 이들을 통해 자연스럽게 고객에까지 전달되도록 해야 한다. 삼성은 '삼성 매뉴얼'이라고 불리우는 내부 구성원들을 위한 에티켓 가이드를 만들었는데, 이를 통해 삼성을 예의바른 기업으로 연상될 수 있도록 했다. 전화 응대나 손님을 맞이하는 자세, 명함을 주고받는 자세 등에 있어 삼성의 직원들은 여느 기업의 직원보다도 앞선 것으로 평가받고 있다.

이건희 회장은 에티켓이란 "훈련이며, 몸에 서비스를 익히는 것"이라 하였고 삼성은 1993년 이건희 회장의 지론대로 삼성 매뉴얼을 만들어 경영 정신이 행동으로 실천될 수 있도록 하였다.

최고 경영자 아이덴티티(President Identity)는 기업의 귀중한 무형 자산으로서 기업의 성패에 상당한 영향을 미친다. 이에 따라 많은 국내 기업들이 기업 아이덴티티에 부합하도록 최고 경영자의 이미지를 전략적인 차원에서 관리해 나가고 있다.

이병철과 이건희 회장 역시 이러한 일환으로 삼성이 표방하고자 하는 칼라의 옷을 입도록 관리해 왔으며, 이러한 모습들이 각종 언론을 통해 보도되면서 삼성 이미지를 대표하는 역할을 수행하고 있다.

시각 아이덴티티(Visual Identity)는 기업이 표방하는 철학이나 비전, 이념을 고객들에게 가시적으로 전달하는 디자인 요소들의 통합적 시스템이다. 기업이 고객들에게 브랜드를 인지시키고 이미지를 향상시키는 데 있어 시각적인 디자인 요소는 매우 중요하다.

삼성은 1993년 청색으로 기업 컬러를 변경한 후 지금까지 청색을 사용하고 있으며, 각 계열사 웹사이트 및 각종 서류 양식 등도 일관된 VI 응용 매뉴얼을 통해서 체계적으로 관리하고 있다.

웹 아이덴티티(Web Identity)는 협의적 의미에서 웹사이트의 컨텐츠와 디자인이 기업이 추구하는 이념과 가치들에 부합하도록 하는 작업을 말하지만, 광의적 의미에서는 포털이나 허브 사이트의 이미지를 통합함으로써 기업의 브랜드와 마음 아이덴티티를 명확하게 보여주는 일련의 브랜딩이다.[3]

웹 아이덴티티는 기업의 각 계열사 웹사이트의 이미지를 하나로 통합해 대표성을 강화함으로써 브랜드 가치를 높이는 동시에 웹사이트 구축 비용을 크게 절감시킬 수 있는 이점이 있다. 예컨대, 브랜드 인지도가 낮은 대기업 계열사의 경우 모(母)기업과 흡사하게 웹사이트를 제작함으로써 모기업 브랜드 이미지의 후광효과(Halo Effect)를 기대할 수 있다.

웹사이트는 고객과의 1:1 커뮤니케이션을 통해 실시간 관계 구축을 가능하게 하기 때문에 오늘날 기업 아이덴티티 구축에 있어서 필수적인 관리 요소가 되었다.

삼성은 그룹 웹사이트와 계열사별 웹사이트를 따로 운영하고 있지

34

삼성그룹의 WI
〈출처〉 www.samsung.co.kr(2006)

만, 그룹 VI 시스템에 기초해 통일성과 일관성을 기하고 있다.

삼성그룹의 웹사이트는 삼성의 연혁을 한눈에 볼 수 있도록 구성되어 있으며, 이건희 회장의 신경영을 자세하게 다룸으로써 삼성의 경영 이념과 기업 비전을 내부 고객은 물론 외부 고객들에게도 전달하고 있다.

웹사이트는 또한 이건희 회장의 약력과 신년사, 기념사 및 강연기고 등을 소개함으로써 이건희 회장이 오늘날의 삼성이 있게 한 비범한 CEO임을 보여주고 있다.

그리고 삼성의 각종 사회 공헌 활동과 스포츠 활동 지원 등을 소개하여 삼성이 '국민과 함께 하는 기업', '대한민국을 움직이는 기업'

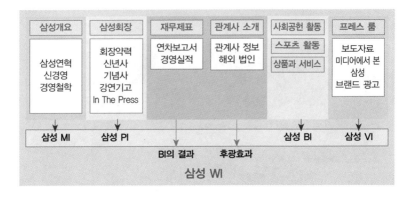

삼성 웹사이트를 통한 기업 아이덴티티 구축과 전달
〈출처〉 www.samsung.co.kr(2006)

이라는 이미지를 심어준다. 또한 삼성에서 판매하는 개별 제품과 서비스들을 소개함으로써 기업 아이덴티티의 후광효과가 개별 브랜드에까지 미칠 수 있도록 하고 있다.

이외에도 'young 삼성(www.youngsamsung.com)' 사이트를 연계 운영함으로써 대학생 및 취업 준비생들에게 긍정적인 기업 이미지를 심어주고 있다.

결국 웹 상에서의 이러한 모든 아이덴티티 구축 활동은 삼성을 한국을 대표하는 최고의 브랜드로 인식될 수 있도록 하고 있다.

삼성이 만들면 특별한 것이 있다!

현재 국민들에게 삼성은 어떠한 모습으로 그려질까? 아마도 많은 이들이 다음과 같은 이미지들을 떠올릴 것이다.

'삼성맨은 친절하다'

'한국의 대표브랜드'

'반도체 선두기업'

'합리주의 경영 문화'

'디지털 삼성'

한 때 '김밥도 삼성이 만들면 잘 팔릴 것이다.' 라는 말이 회자된 적이 있다. 실제로 많은 사람들이 삼성이 만들면 특별한 무엇인가가 있고 생각한다.

VI 시스템의 구축

2000년 산업정책연구원에서 발표한 기업 브랜드 가치평가 연구결과에서 삼성그룹의 심벌 가치는 평가 대상 10개 기업 중 7위로 평가되었다. 물론 기업 브랜드 가치는 1위로 평가되었으나 심벌의 가치평가에서는 LG그룹이 1위로, 그리고 대한항공이 2위를 각각 차지한 것으로 나타났다.

삼성의 심벌 마크가 하회탈을 연상하게 하는 LG그룹의 심벌과 태극 마크를 연상하게 하는 대한항공의 심벌 마크에 비해서 소비자들에게 미학적인 측면에서의 호감성은 떨어진다는 것을 알 수 있다. 그러나 삼성의 경우는 브랜드명과 심벌의 인지적 측면에서는 1위로 나타났다. 즉, 삼성의 심벌 마크는 직접적으로 'SAMSUNG' 이라는 기업명을 워드 마크로 사용한 로고 타입 형태로 미학적 호감성은 떨어지지만, 기업명을 정확하게 커뮤니케이션하는 언어적 소구력 측면에서는 높게 평가된다.

브랜드 아이덴티티의 구성 요소는 브랜드 플랫폼을 형성하는 브랜드 비전, 브랜드 미션, 브랜드 개성 등의 의미요소와 이러한 의미요소를 고객들에게 시각적으로 전달하는 표현요소로 크게 나누어 볼 수 있다. 표현요소는 다시 브랜드 네임, 로고, 캐릭터, 슬로건 등으로 구성된다.

기업의 표현방식과 고객이 받는 인상의 틀이라는 개념은 대인지각에 관한 심리학적 연구에 기인하고 있다. '표현'과 '인상'이라는 용어를 처음 사용한 오스트리아 심리학자 구스타브 이샤이저(Gustav Ichheiser)에 의하면 사람들은 상대방의 얼굴 표정, 겉모습, 행동, 옷차림과 같은 표현이 사람들에게 내재된 무엇인가와 연결되어 있다고 추측한다고 한다. 그 무엇이란 바로 사람의 성격, 개성, 믿음, 감정, 의도로 구성되어 있는 '비공식적 자아'를 가리킨다.

이러한 대인지각 모델은 다수의 사람들이 어떤 조직에 대해 가지는 지각에 대해서도 적용될 수 있다. 소비자들은 기업이나 브랜드의 문화, 사명, 전략, 가치와 같은 기업이나 브랜드의 '비공식적 자아'에 직접적으로 접근하지는 못하고, 따라서 기업이나 브랜드의 공적인 면모 즉, 표현을 보게 된다는 것이다.

이러한 공적인 면모는 미학적 스타일이나 테마와 같은 다양한 아이덴티티 요소들을 통해 표현된다. 그리고 아이덴티티 요소들은 개별적으로 인식되기보다는 통합되어 기업이나 브랜드에 대해 소비자들이 가지는 전반적인 인상으로 나타난다.

아커(Aaker) 교수는 심벌이나 로고 같은 기타 독점적 자산을 브랜드 자산의 구성요소 중 하나로 규정하면서, 심벌 마크나 워드 마크가 가지는 디자인적 중요성을 강조하였다.

브랜드는 추상적인 것으로 눈에 보이지 않는다. 이러한 브랜드를 눈으로 볼 수 있도록 하는 시각적 커뮤니케이션이 바로 디자인이다. 따라서 브랜드를 '마음'이라고 한다면 디자인은 바로 '얼굴'이라 할 수 있다. 이러한 이유로 인해 기업들은 자사를 대표하는 VI(Visual Identity) 시스템을 도입해 기업 아이덴티티(Corporate Identity)를 일관성 있게 관리하는 것이다.

특히 통합적 이미지 관리가 중요해짐에 따라, 기업들은 VI를 CIP (Corporate Identity Program)의 일부로서 전략적으로 관리하고 있다.

CIP 중 VI가 점점 중요해지는 이유는 사람들이 모든 정보의 약 83% 정도를 눈을 통해 받아들이기 때문이다. 즉, 주로 눈을 통해 사물을 평가하기 때문에 이미지의 형성에서 시각적인 커뮤니케이션이 그만큼 중요한 것이다.

따라서 시각적으로 구체화된 로고 마크(Logo Mark), 심벌 마크 (Symbol Mark), 심벌 칼라(Symbol Color) 등은 그 자체만으로도 기업 아이덴티티를 상징하며, 브랜드 커뮤니케이션의 주요한 수단이 되고 있다.

신경영과 시각 아이덴티티의 변화

초창기 삼성을 상징하는 마크는 원형 안에 3개의 타원형을 서로 연결시키고 그 안에 알파벳 'S'자를 넣어 만들었다. 이 당시의 브랜드 마크는 창업자인 이병철 회장의 의지가 많이 반영되었다. 1966년 삼성은 브랜드 마크를 변경하였는데, 세 개의 붉은 별을 통해 '三星'의 의미를 전달하고자 하였다.

삼성의 로고 변천사

그로부터 27년 뒤인 1993년에 삼성은 그동안 사용해 오던 심벌 마크를 폐기하고 오늘날 사용하고 있는 심벌 마크로 전환한다. 삼성은 기업 이미지 통합을 추진하면서 심벌 마크의 디자인을 미국 뉴욕주 맨하탄에 위치한 리핀콧 앤 마글리스(Lippincott & Magulies)라는 디자인전문회사에 의뢰했다. 삼성이 기업 VI 프로젝트를 리핀콧 앤 마글리스에 맡긴 것은 합리적 전략 위주의 기업 심벌 마크를 추구했기 때문이다. 삼성의 기업 이미지 통합 작업은 1년 이상 소요되었으며 20여 억원이 투자되었다. 이러한 작업 결과 세 개의 별로 상징되던 브랜드 마크는 1993년 파란색 타원형 안의 'SAMSUNG'이라는 영문 로고 마크로 새롭게 탄생되었다.

기업의 변화된 모습을 보여주는 데 있어 시각 아이덴티티의 역할이 매우 중요하다. 기업이 VI를 새롭게 도입하거나 또는 리뉴얼하는 시점은 기업에 따라 매우 다양하다. 새로운 도약을 위해 이미지 쇄신이 필요할 때나 인수 합병으로 인해 새로운 기업 이미지가 필요할 때, 또는 산업 구조의 변화로 인해 기업의 이름을 바꾸어야 할 때 등을 들 수 있다.

삼성의 경우는 무엇보다 세계화 시대를 맞아 글로벌 시장에서 통용될 수 있는 새로운 이미지를 필요로 했다. 그리고 이건희 회장의 신경영 선언 후 기업의 새로운 면모를 대내외적으로 보여줄 필요가 있었다. 삼성은 세계 제일주의를 지향하는 기업 이념과 함께 새롭게 변화하는 모습을 시각적으로 보여주기 위해 당시로서는 큰 돈인 20억원을 투자하여 VI 시스템을 도입했다.

특히 삼성은 이병철 회장이 1937년 삼성상회를 창업하면서 정했던 '사업보국', '인재제일', '합리추구' 등의 경영 이념을 세계화 시대에 맞게 변경할 필요성을 느꼈다. 삼성은 그룹 비서실이 중심이 되어 이건희 회장의 신경영 이념을 구체화하는 작업에 착수하였다. 그 결과 '세계 일류'와 '더불어 사는 사회'를 지향한다는 기업 비전을 발표하였고 사가의 변경, VI를 통한 그룹 이미지 통합 작업도 함께 추진하였다. 삼성그룹은 이러한 작업과 함께 조기 출근제 등 임직원 전체의 행동 변화를 요구하는 통합적 기업 아이덴티티 작업을 실행하였다.

1993년 삼성이 VI 시스템을 도입한 이후 국내 기업들도 삼성 스타일을 모방해 한자로 된 사명을 로마자로 교체하는 등 VI 시스템을 정비하기 시작하였다.

VI를 통한 기업 이미지 통합 작업의 시초는 1956년 5월 미국의 그래픽 디자이너 폴 랜드(Paul Rand)가 디자인한 IBM 로고라 할 수 있다. 1990년대 일본 기업들 사이에서도 이러한 이미지 통합 작업이 유행하였다. 국내 기업들도 이를 추진했지만 대부분의 경우 기업 로고를 변경하는 수준에서 끝났다. 그러나 삼성은 체계적으로 기업 VI 시

스템을 도입하고 관리함으로써 신경영 이념을 효과적으로 전파하는
한편 기업 이미지와 내부 구성원들의 행동을 혁신적으로 변화시킬
수 있었다.

VI 시스템을 통한 단일 브랜드화 전략

국내 최초로 VI 시스템을 도입한 삼성은 한자 로고와 과거 삼성전
자 심볼을 폐기하고 청색 타원형의 단일 브랜드를 구축하였다.

삼성은 심볼 마크를 우주와 세계를 상징하고 역동성을 띤 타원형

으로 바꿨다. 타원은 원과 비교할 때 탄력과 운동감을 주며, 규칙적
이고 계산된 괘적을 따라 운행하는 정돈된 기업 이미지를 제공한다.
기울어진 타원형은 상승감과 유연성이라는 기업 고유의 의미가 반영
되어 있으며, 디자인적으로는 독자성과 시간이 흘러도 시대성을 상
실하지 않는 내구성을 가지고 있다. 23.5도 정도의 기울어진 좌전축
은 지구 궤도를 따라 회전하는 듯한 느낌을 주며 우주 공간과 같은
무한한 잠재력을 지닌 초일류 기업으로의 도약을 의미한다.[4] 또 S자
와 G자의 터진 부분을 통해 내부와 외부의 기운이 통하게 함으로써

세계와 호흡하고 인류 사회에 이바지하려는 의지를 담았다.

마크안의 로고 글씨도 '三星'이라는 한자를 버리고 세계 어디서나 동일한 발음으로 읽혀지고 기억될 수 있도록 영문 브랜드명인 'SAMSUNG'을 형상화했다. 그룹 공통 색상은 청색으로 하여 안정적인 느낌과 신뢰감을 주도록 하였다.

삼성 VI의 표현은 시각적으로 처리된 문자의 표현방식인 로고 타입이다. 로고 타입은 구체적이고 설명적인 문자로 표현되기 때문에 다른 VI 표현요소보다 친근감과 확실성을 주는 것이 특징이다.

앞서 설명한 바와 같이 삼성의 로고 타입은 LG와 대한항공의 심벌

마크에 비해서 미학적인 요소는 떨어지지만 기업명의 인지도 등에서는 1위로 평가된 결과와도 일맥상통한다고 할 수 있다.

특히 삼성은 모든 계열사에 단일형 VI 시스템을 도입하였는데, 처음부터 브랜드 확장에 효과적으로 적용될 수 있도록 디자인되었다.

단일형 브랜드 이미지 전략은 하나의 이름과 심벌 마크를 사용해 기업과 자사 브랜드들에 대한 하나의 통일된 시각 아이덴티티를 창출하는 것으로, 심벌 마크는 그룹 전체에 적용될 수 있도록 단순하고 유연하게 디자인된다. 다양한 업종의 계열사들을 거느리고 있는 삼

성그룹은 청색 마크에 새겨진 'SAMSUNG'을 공통적으로 사용함으로써 단일한 브랜드 아이덴티티를 창출하고 있다.

국내 대기업들이 대부분 이러한 단일형 브랜드 이미지 전략을 구사하고 있는데, 이는 기업과 브랜드의 시각 아이덴티티가 일치되어 소비자에게 짧은 시간내에 빨리 인지될 수 있고, 기업명에 대한 높은 신뢰도가 주는 후광효과로 하여 소비자들의 저항감이 상대적으로 적기 때문이다.

삼성은 전자, 금융, 중공업 등 모든 계열사에 동일한 VI 시스템을 적용하고 있으며, 개별 제품 브랜드에도 종종 '삼성'을 사용한다. 이러한 단일형 브랜드 시각 아이덴티티 전략으로 삼성그룹 계열사들은 매년 기업 브랜드 가치평가에서 '삼성'의 후광효과를 보고 있다.

산업정책연구원에서 2000년부터 매년 발표하고 있는 기업 브랜드 자산가치 평가에서도 '삼성'이라는 브랜드명이 부착된 기업은 브랜드 연상과 인지도 면에서 상위에 랭크되는 결과를 보여주고 있으며, 매년 삼성 계열사 중 2개 이상의 기업이 꾸준히 상위 10위안에 포함되고 있다.

삼성은 계열사뿐만 아니라, 개별 제품에도 '삼성'을 사용하도록 하였는데, '삼성 애니콜'이 대표적인 사례라고 할 수 있다. 그러나 최근에는 '애니콜'이 명품 브랜드가 되어 '애니콜' 단일 브랜드로 사용되고 있다.

단일형 브랜드 이미지 전략은 통합적인 차원에서 브랜드 전략을 수행하기 때문에 마케팅 비용의 절감효과를 가져올 수 있다. 반면 엄브렐라 브랜딩(Umbrella Branding)의 범위가 증가할수록 일관된 이미지 전략의 효과가 희석될 수 있다는 약점도 있다. 또한 특정 제품

2005년		변 동	2004년	
기업 브랜드명	가치(백만원)		기업 브랜드명	가치(백만원)
삼성전자(주)	31,206,019	-	삼성전자(주)	21,779,646
SK텔레콤(주)	7,709,720	-	SK텔레콤(주)	8,193,567
현대자동차(주)	6,479,623	-	현대자동차(주)	6,501,318
(주)KT	5,345,500	-	(주)KT	5,464,012
(주)포스코	5,297,381	↑	LG전자(주)	3,184,557
LG전자(주)	3,779,979	↓	(주) 포스코	3,167,969
기아자동차(주)	1,805,932	-	기아자동차(주)	2,215,405
(주)KTF	1,803,126	-	(주)KTF	1,975,626
SK(주)	1,668,037	↑	삼성SDI(주)	1,195,421
삼성SDI(주)	1,184,638	↓	CJ(주)	1,149,836

〈출처〉 산업정책연구원(2005)

의 부정적인 이미지가 쉽게 다른 제품과 기업에까지 파급되는 위험에 노출되어 있다.

1993년 새롭게 선보인 삼성의 로고가 현재까지 같은 모양으로 사용되는 것처럼 보이지만 삼성은 2004년 기존의 로고를 변화된 삼성의 위상에 맞게 업그레이드시켰다. 이는 신경영 원년인 1993년 탄생한 CI에 일부 개선해야 할 점이 발생하고, 지난 10년간 급속히 성장한 삼성의 위상과 이미지에 적합한 CI를 보완할 필요성이 제기되었기 때문이다.

'단순하고 명확하게(Be Simple)', '보다 생동감 있게(Be Active)', '균형 잡히고 정돈되게(Be Trim)' 라는 3가지 원칙 하에 삼성의 CI는 미래지향적이고 강한 신뢰감을 줄 수 있도록 새롭게 구성되었다. 기존에는 회사명이 워드 마크 바로 옆에 위치해 있었지만 글자 크기를 키워 기존보다 거리가 더 떨어진 곳에 자리잡도록 함으로써 회사명을 선명하게 인식할 수 있게 하였고 동시에 삼성 워드 마크를 보다 돋보이게 만들었다. 이와 함께 외부에 부착되는 CI에서는 타원형의 워드 마크가 입체감을 띄도록 하였다.

3M이 'Minnesota Mining & Manufacturing Company' 라는 긴 기업의 브랜드 네임을 짧게 줄여 사용하기 시작한 1906년이래 3M 워드 마크는 현재까지 30번이나 넘게 디자인이 변경되었지만 그 토대는 그대로 유지하고 있다. 이와 마찬가지로 삼성도 1993년 변경한 로고 타입은 유지하면서 시대에 맞게 적절하게 업그레이드하면서 사용하고 있다.

VI 시스템의 일부로서 슬로건의 변화

앞서 설명한 것처럼 기업의 비전, 이념, 브랜드 미션 등의 의미요소를 고객들에게 시각적으로 전달하는 기업의 VI 시스템은 브랜드명(Brand Name), 로고(Logo), 심벌(Symbol), 로고 타입(Logotype), 전용 서체(Typeface), 시그너처(Signature), 전용 색상(Corporate Color), 캐릭터(Character), 슬로건(Slogan) 등의 기본 시스템과 제품 및 포장 디자인, 광고, 그리고 브랜드 가치와 이름을 인식시키는 기타 다양한 시각 디자인 요소들로 이루어진 응용 시스템으로 구성되어 있다.

이중 슬로건은 브랜드명과 로고 및 심벌 등의 가치를 한단계 높여주면서 고객들에게 브랜드의 가치를 감성적으로 전달하는 수단이다. 슬로건을 사용해 시대에 맞는 기업 이념을 효과적으로 커뮤니케이션하는 데 성공한 기업 중 하나가 삼성이다.

삼성의 현재 슬로건은 '우리의 대표브랜드-삼성'이다. 신문과 방송 등 각종 언론 매체에서 삼성이라는 기업을 알릴 때 줄곧 등장한다. 의미는 단순하다. 삼성이 한국을 대표할 수 있는 기업이며 국민들이 삼성에 대해 자부심을 가져도 된다는 의지를 표현하는 것이다. 이 같은 삼성의 슬로건은 시대 상황에 맞춰 변화를 거듭해 오고 있는데, 슬로건은 로고나 심벌 등에 비해 변화가 용이하다는 장점을 가지고 있기 때문이다.

좋은 소식1

좋은 소식2

대한민국

'우리의 대표브랜드-삼성' 광고 시리즈
〈출처〉 광고정보센터

2002년부터 사용해온 '우리의 대표브랜드-삼성' 이전 슬로건은 '디지털 프론티어-삼성'이었다. 2001년 당시 세계적으로 디지털이 화두였던 때여서 디지털 이미지 선점 차원에서 설정된 슬로건이기도 하다.

1993년에는 신경영을 선포하면서 '세계 초일류를 지향하는 삼성'이라는 슬로건을 통해 기업이 지향하고자 하는 방향을 표현하였다.

1997년 1998년 IMF 당시에는 '믿을 수 있는 친구─삼성' 과 '함께 할 수 있다는 믿음─삼성' 을 통해 기업과 국민간의 믿음을 강조하는 슬로건으로 삼성이 경제 위기 상황에서도 믿음을 줄 수 있는 기업임을 강조하였다.

특히 삼성전자의 '또 하나의 가족, 삼성' 은 10년간 장수하고 있는 삼성전자의 기업 슬로건으로, '가족' 이란 틀을 유지하면서 사회적 분위기와 기술의 변화에 맞춰 스토리에 변화를 주면서 광고 캠페인을 통해 대고객 커뮤니케이션의 하나로 사용되고 있다.

이는 삼성전자는 가족간의 따뜻한 사랑을 강조하면서 삼성전자가 따뜻한 가정을 위해 함께 하는 기업임을 강조하고 있다.

이렇듯 기업의 VI 시스템의 일부로서 슬로건은 기업의 로고, 심벌과는 달리 시대의 변화에 맞춰 변화하면서 기업의 이념이나 브랜드 비전을 감성적으로 고객들에게 전달할 수 있는 장점을 가지고 있다. 삼성은 이러한 슬로건을 통해 삼성의 브랜드 비전을 고객들과 함께 공유해 오고 있다.

02

삼성표 브랜드 관리하기

유독 삼성에 근무하는 사람들에게만 불려지는 '삼성맨'의 의미는 무엇인
가? 이는 한마디로 압축하여 설명될 수 있다. 바로 '삼성 브랜드의 내부
화'이다. 삼성의 구성원들이 철저하게 삼성 브랜드에 공감하고 자발적으
로 동기부여 되고 내부화됨으로써 그것이 자동적으로 외부 고객들에게
전달되는 것이다.

인재 육성

'삼성맨은 지적이고 세련된 전문직 남성'

몇 년 전 한 온라인 채용정보업체에서 대학생들을 대상으로 하여 국내 주요 6대 기업의 이미지를 의인화하여 조사한 결과를 발표하였다. 조사 결과 삼성의 이미지는 '176~180cm의 키에 보통 체형과 계란형 얼굴을 가진 30대 초반의 지적이고, 세련된 전문직 남성'으로 나타났다. 옷차림에서도 삼성은 '유행에 민감한 정장차림'으로 표현되었다. 이미지 조사 결과를 보면 삼성은 '국가 경제 발전에 기여도가 높은 기업', '변화에 대한 대응이 빠른 기업' 등의 순으로 인식되고 있었다.

본 조사는 브랜드를 의인화하여 표현하도록 한 것인데, 통상적으로 사람들은 브랜드를 설명하기 위해서 그 브랜드의 외관과 특성이 아주 밀접하게 연관되어 있는 사람의 이미지를 자주 사용한다. 기업에서도 의도적으로 브랜드에 개성을 부여해 마케팅 수단으로 활용하기도 한다.

브랜드 전문가인 아커(Aaker) 교수는 기업의 이미지는 브랜드 연상과 브랜드 페르소나에 의해서 결정된다고 하였다. 즉, 기업의 브랜드 연상과 브랜드 페르소나에 대한 이해도가 높을수록 기업의 브랜드가 가지는 자산가치 또한 높아진다고 볼 수 있다.

여기서 페르소나(Persona)란[1] 심리학 용어로 겉으로 드러난 외적 성격을 의미한다. 즉, 기업에 있어서 브랜드 페르소나란 기업이 고객들에게 비춰지는 인간적 모습이고 이러한 모습에 의해서 고객들은

구 분	삼성	LG	SK	포스코	롯데	현대
연령대	30대 초반	30대 초반	20대 중반	30대 초반	30대 중반	40대 초반
외형	보통 체형의 지적인 이미지	보통 체형의 친근하고 편안한 이미지	보통 체형의 유행에 민감한 세련된 이미지	근육질 체형의 투박하지만 지적인 이미지	유행에 둔감한 이미지	뚱뚱한 체형의 투박한 이미지
직업	전문직	판매서비스직	판매서비스직	판매서비스직	판매서비스직	생산직
성별	남성	여성	남성	남성	여성	남성

〈출처〉 한국경제신문(2003. 1. 21)

기업을 평가하게 되는 것이다. 특히 브랜드는 인간과 같은 성격을 가지고 있고 따라서 인간적인 모습으로 고객들에게 비춰지게 되는 것이다. 즉, 위의 조사 결과에서 알 수 있듯이 삼성은 30대 초반의 지적이고 전문적인 사람으로 유행에 민감하고 변화에 대한 대응이 빠른 사람으로 비춰지고 있다. 이는 결국 삼성맨의 전형적인 이미지를 표현한 것이라 할 수 있다.

고객과의 접점에 있는 내부 고객인 삼성맨을 통해 삼성 브랜드가 전달되어지고, 결국 외부 고객들은 삼성맨을 생각하면서 브랜드에 인간적인 모습을 부여하게 된다.

이렇듯 삼성이 지적이고 변화에 대응이 빠른 전문직으로 그려지는 이유는 무엇일까? 이는 삼성의 체계화된 사내 교육에 의한 삼성맨 육성에서 찾아 볼 수 있을 것이다.

삼성 인재 사관학교

삼성은 '인재 사관학교'라고 불리어질 만큼 인재를 길러내는 엄격

기업명	페덱스	U.S 포스트	UPS
브랜드 페르소나	남성 혹은 여성 젊은 원기 왕성한 다정한 신속한 의지할 만한 열정적인 첨단 기술 문제 해결사 동기가 부여된 전문적인	남성 나이든 무뚝뚝한 못 미더운 낮은 수준의 기술 세련되지 않은 둔한 자기 만족의 느린 경직된 문제를 일으키는	남성 중년 점차 나아지는 일관되지 못한 다정한 갈색 제복 연합된 OK 서비스 전문적인 국제적인 문제 해결사

〈출처〉 스코트 M. 데이비스 · 박영미 외 역(2003), 브랜드 자산경영, 박영사

하고 체계적인 교육제도를 구축해왔다. 특히 삼성은 창업초기부터 전 사원을 대상으로 하여 교육을 실시하였는데, 이는 기업 측에서 실시하는 교육이 '무능한 자'나 '할 일 없는 자'의 집합이 되어서는 안 된다는 것을 강조하면서 삼성 내부의 경쟁을 통해 일정한 위치에 서게 된 사람만이 교육의 수혜자로 발탁됨을 강조하였다.

삼성은 그룹 형성 초기 단계부터 체계적인 교육제도를 가지고 운영해왔는데, 1982년 공사비 50여억 원을 투자하여 국내 최초의 기업 연수원인 삼성종합연수원을 개원하면서 사원교육제도를 한층 더 체계화시켰다. 삼성종합연수원은 1990년 1월 삼성인력개발원으로 명칭이 변경되어 삼성그룹 인재 훈련소로 이용되고 있으며, 이건희 회장이 취임후에는 제2연수원인 창조관이 설립되어 운영되고 있다.

1980년대 삼성종합연수원이 설립되기 이전의 그룹공통 교육과정을 살펴보면 다음과 같다.

구분	과정	기간	교육 대상	교육과정 내용과 교육시간							
				정신 계발	품성 계발	기업 환경	경영 관리 능력	조직 관리	실무 기초	부문 전문 지식	계
입문	대졸신입사원교육	4주	대졸신입사원	55	52	86		17	55	–	280
	고졸신입사원교육	5박6일	고졸신입사원	14	9	11		11	10	–	55
보수	경영자세미나	2박3일	사업본부장	2	2	4	9	8	–	–	25
		2박3일	임원								
	부장교육	4박5일	부장·차장	10	2	6	12	9	–	6	45
	과장교육	4박5일	과장	12	2	6	12	7	–	6	45
	중견사원교육	4박5일	중견사원	16	2	6	12	3	–	6	45
	직반장(職班長)교육	4박5일	적반장	14	2	4	10	15	–	–	45
특수	기능직사원교육	4박5일	4·5급 기능직	19	2	2	–	8	14	–	45
	공장장경영과정	4박5일	공장장	6	2	4	17	16	–	–	45
	사내강사양성과정	4박5일	사내강사	13	2	4	10	–	26	–	45
	교육담당자과정	4박5일	교육담당자	10	2	6	–	6	21	–	45
기타	부설학교·교사과정	4박5일	부설학교교사								
	중역강좌	2시간	중역간부								
	교양강좌	2시간	5급 사원								
	부인강좌	8시간	임직원부인								

〈출처〉 사보삼성(1980)

위 표에는 삼성맨을 만드는 첫 관문인 신입사원교육을 비롯해서 각 직급별로 이수해야 하는 교육과정들이 나와 있다. 이러한 교육을 통해 삼성 직원들은 이병철 회장의 창업 이념을 숙지하고 삼성그룹의 역사와 비전을 공유하며 기업 경험을 개인의 경험으로 가져가면서 자연스럽게 삼성정신을 받아들인다. 특히 '정신계발'이라는 교육과정을 두어 '이병철 회장 경영 어록집' 등을 기본교재로 사용하고 있는데, 삼성정신이 교육의 주된 내용임을 알 수 있다.

삼성에 입사가 결정된 신입사원들은 삼성인력개발원에서 SVP (Samsung Shared Value Program) 과정을 이수하게 된다. 말 그대로 삼성의 가치를 공유하는 과정이다. 신입사원들은 새벽 5시 30분이면 기상해 밤 9시까지 호된 교육을 받게 되는데, 이 때문에 일명 '논산 훈련소'로 불리우기도 했다.

이 교육 과정은 '삼성정신'의 이해와 주입, 회사생활의 가이드 역할과 수행, 단결력의 고양을 목표로 하고 있으며, 직업관과 정신자세, 회사에 대한 소개를 주된 교육내용으로 하고 있다. 여기서 '삼성정신'이란 이병철 회장의 경영철학을 말하는 것이며, 이건희 회장 승계 이후에는 이병철 회장과 이건희 회장의 경영철학을 중심으로 교육 내용을 구성하였다.

삼성전자 부장급은 SLP(Samsung Business Leader Porgram) 교육을 받게 되는데, 본 과정을 이수하는 대상은 부장급 1,500명 중 50명에 불과하다. 말 그대로 핵심 인재를 선출해 특별한 교육을 받게 하는 것이다. 5개월 간의 교육은 변화와 혁신, 재무회계, 마케팅, 리더십, 위기관리 능력 등 경영진이 되기 위한 능력향상이 주된 내용이다.[2] '삼성만큼 배울 게 많은 조직은 없다'라는 이야기에 모두가 공감하고 있듯이 삼성은 매우 체계화된 교육프로그램을 운영하고 있다.

또한 이건희 회장은 신경영을 선포하면서 그것을 전파할 수 있는 책자를 발간하도록 지시하였고, 그에 따라 『삼성 신경영』, 『삼성인의 용어: 한 방향으로 가라』라는 책자가 발간되었다. 본 책자는 해외 현지인을 위해 영어, 일어, 독일어, 일어, 중국어 등 10여개 국어로 번역되었으며, 임직원들은 매일 아침 이 두 권의 책을 놓고 1시간씩 윤독회

교육명	구 분	내 용
삼성 MBA 제도	교육내용	국내 및 해외 대학에 해마다 30명씩 파견해 인문사회와 기초과학 및 기술분야에서 MBA를 취득하게 함.
	교육목적	차세대 리더들에게 전문적인 경영지식과 리더십을 쌓게 함.
	교육대상	과장 및 차장급 간부
지역 전문가제도	교육내용	해외에 반년~1년간 파견하여 해외 지역의 전문가 육성 일종의 자유방임형 해외 연수 프로그램
	교육목적	글로벌 감각 습득
	교육대상	주로 3년차 이상 사원이나 대리급에서 선발
SLP	교육내용	임원으로 성장할 가능성이 높은 50명 내외의 인원을 선발해 5개월 동안 변화와 혁신, 리더십, 위기관리 능력, 마케팅, 재무회계 등을 교육함.
	교육목적	임원으로 갖추어야 할 전문지식과 리더십을 쌓게함.
	교육대상	부장급 이상
삼성전자 공과대학	교육내용	반도체 및 디스플레이 분야에서 학사부터 박사까지 취득할 수 있음
	교육목적	삼성전자 전 직원이 전문적인 기술 교육을 받을 수 있는 기회
	교육대상	삼성전자 직원

〈출처〉 신현만(2006), 대한민국 인재 사관학교, 위즈덤하우스

를 열어 토론을 벌이기도 했다.

삼성은 이러한 기업이념 교육 외에 종업원의 능력 배양을 목표로 여러 가지 자기 개발을 독려할 수 있도록 하는 프로그램을 운영하였는데, 외국어 검정시험, 워드프로세스 경진대회 등 사원들을 대상으로 하여 신기술이나 신지식을 경합하는 장을 자주 마련하였다. 최근에는 디지털형 인재 육성을 위해 'D(Digital)', 'G(Globalization)', '창(창의성)', '도(도덕성)'의 네 가지 핵심역량을 개발하는 교육 프로그램을 마련하고 있다.

이렇듯 삼성의 체계화된 교육프로그램과 삼성정신의 교육을 통해 삼성 직원들은 철저한 '삼성맨'으로 만들어지게 된다.

'신상필벌' 대신에 '신상필상'

삼성은 이병철 회장 때부터 '인재제일'을 사훈으로 삼을 정도로 사람을 뽑고 가르치는 일에 힘을 기울여 왔다. 이병철 회장은 어떤 중요한 일이 있어도 신입사원 면접만큼은 빠지는 일이 없었다고 하는데, 그는 성적보다는 인성(人性)을 중시했다고 한다. 신입사원 면접 시 면접관들은 점수를 ABCD로 매기고 그는 갑을병(甲乙丙)으로 점수를 매겼다. 면접관들의 점수에 관계없이 이병철 회장에게 '갑'을 받으면 바로 합격이었고, 병을 받은 이는 다른 점수가 아무리 좋다 할지라도 무조건 탈락이었다.

'의심 나는 사람은 쓰지 말고 쓰는 사람은 의심하지 말라(疑人勿用, 用人勿疑)'는 정신이 투철했던 이병철 회장은 사람을 아무나 쓰지 않았다. 그 대신 사업을 운영할 수 있는 지도력과 능력이 있다고 판단되면 모든 책임을 맡겨 역량을 충분히 발휘할 수 있게 배려를 아끼지 않았다.

삼성이 당시로서는 거액인 1,000만원을 투자해 중앙연산장치(CPU)를 개발할 때, 담당 상무가 성공할 자신이 없다는 말을 하자 "이봐, 당신은 상무요, 상무! 그 정도 실패할 권리는 주어져 있는 거요. 그 정도의 모험도 할 수 없는 인물을 나는 상무로 앉힌 기억이 없소"라며 호통을 쳤다는 일화가 있다.[3]

이러한 인재제일의 이념은 아들 이건희 회장에게도 이어지는데, 이건희 회장은 한 경제지와의 인터뷰에서 다음과 같이 '신상필상'을 강조하였다.

"못하는 사람에게 질책보다는 더 잘하게 유도하는 '신상필상(信賞必賞)'이 있을 뿐입니다. 영화 '벤허'의 전차 경주 장면 이야기를 가끔 합니다. 상대는 멧살이라는 채찍으로 강하게 후려치는데 벤허는 채찍 없이도 결국 이기잖아요. 한마디로 2급 조련사와 특급 조련사의 차이입니다. 게다가 벤허는 경기 전날 밤 네 마리의 말을 어루만지면서 용기를 복돋아 주지 않습니까?"

일본의 유력 종합경제 주간지 〈동양경제〉는 최근 '약진하는 한류경영의 수수께끼를 풀다'라는 제목의 특집기사에서 삼성전자의 성공비결 중 하나로 '인재에 대한 끊임없는 투자'를 꼽았다고 한다. 이 주간지에서는 삼성전자의 성공비결을 '실력에 맞는 처우', '국제화 가속을 위한 지역전문가제도', '우수인력확보', '인재 육성을 위한 교육 투자'로 보았다.

인재 양성에 남다른 노력을 하고 있는 삼성은 인재 유출에 대해서도 신경을 곤두세우고 있다.

삼성반도체 신화의 기반을 마련한 김광호 전 삼성전자 사장이 1980년 말 현대에 스카우트된 적이 있었다. 이병철 회장은 청와대로 찾아가, "인재를 키워 놓았는데 이런식으로 스카우트하면 산업발전에 역행하는 것입니다."라고 따졌을 정도였다. 이건희 회장의 경우는, 88올림픽 당시 대우의 힐튼호텔이 호텔신라의 우수직원 30명을 스카우트하려 했을때, 역으로 힐튼호텔 직원 50명을 스카우트 하기

도 했다고 한다.[4]

김광호 전 삼성전자 사장의 현대 스카우트 사건은 당시 대통령의 특별지시에 따라 국무회의 의제로 올랐고, 결국 김광호 사장은 현대 이적 보름 만에 다시 삼성으로 복귀하게 되었다.

삼성의 인재 양성 3계명은, '1등은 과감히 보상하라', '학연, 지연은 절대 금물', '잡종은 강하다'로 정하고 있다.

삼성은 학벌과 지연을 못 따지게 한다. 동창회, 향우회 결성은 금물이며 삼성에선 몇년을 같이 지내도 가족 얘기는 해도 출신고와 대학을 따지지 않는다. 이러한 삼성의 인사조직관리 문화를 전수한 CJ를 참여정부에서 벤치마킹했을 정도라고 한다. 또한 1등은 과감히 보상해주는 정책을 통해 일단 임원이 되면 확실한 대우를 해준다. 반면 임원 승진은 하늘의 별따기만큼이나 어렵고 경쟁이 치열하다.

핵심 인재 모셔오기

삼성이 핵심 인재를 확보하기 위해 도입한 시스템은 S급, H급, A급으로 분류하여 관리하는 것이다.

S(Super)급은 높은 잠재력을 가지고 있고 실제 업무에서도 뛰어난 성과를 올리는 인재를 말하며, H(High Potential)급은 성과를 통해 충분히 검증되지는 않았지만, S급 인재로 발전 가능한 높은 잠재력을 지닌 인재를 의미한다. 마지막으로 A(Ace)급은 S급보다는 못하지만 뛰어난 성과와 능력을 지닌 인재로 주력 사업 핵심 추진 인력이다.

이건희 회장은 수시로 '우수인력이면 국적에 관계없이 확보하라'고 강조한다. 삼성그룹 내에서 처음으로 해외 우수인력을 스카우트한 것도 이건희 회장이다. 1960년대 말 중앙일보 이사로 있을 당시, 이건희 회장은 우수 인력을 확보하기 위해 자주 일본에 들렀고 이러한 결과로 일본 전자업계의 디자인 전문가인 마쓰우라 히데오를 영입할 수 있었다고 한다.

현재 CEO의 능력과 성과 측정에서 가장 높은 점수를 차지하는 것도 어느 정도의 우수한 인재를 확보하였는가이다. 이 때문에 삼성그룹의 CEO들은 외국출장을 갈 때면 우수 인력 채용에 많은 시간을 투자한다.

"마차를 잘 만드는 인재보다 마차에서 자동차를 꿈꿀 수 있는 인재가 우선이다." 이건희 회장이 강조하는 핵심 인재 상이다.

"한명의 천재가 10만명, 20만명을 먹여 살리게 될 것"이라는 이건회 회장의 말처럼 삼성은 인재 확보에 심혈을 기울이고 있으며 그에 적합한 다양한 인사관리 제도를 운영하고 있다.

GE의 경우에도 GE의 역대 최고 CEO인 잭 웰치는 사무실에 '전략보다 사람이 우선한다(People First, Strategy Second)'라는 문구를 붙여 놓고, "내 업무의 70%는 인재에 쓴다"라고 밝히기도 했을 정도로 인재 육성에 많은 노력을 기울여 왔다. 이러한 잭 웰치의 인재 최우선 정책은 지금도 이어져, '세션 C(SESSION C)라는 제도로 운영되고 있다. '세션 C'는 사업 전략 개발, 효율적인 조직운영과 변화 촉진, 성과평가 및 피드백, 채용과 승진, 후계자 계획, 고 잠재력 인력의 발굴 등을 목표로 수행된다.[5]

고용 브랜드 1순위, 삼성의 고민

2006년 3월 온라인 리크루팅 업체가 취업 준비생을 대상으로 한 취업 희망 기업 조사에서 삼성전자가 조사 대상 기업 중 월등한 점수로 1순위로 평가되었으며 2위에는 삼성SDI가 꼽혔다. 특히 삼성전자

삼성 열린채용 광고(1995)
〈출처〉 광고정보센터

가 3년 연속 1순위로 평가되었는데 삼성은 고용 브랜드 면에서도 국내에서 1위로 평가되고 있다.

고용 브랜드란 조직 내·외부에서 인식되는 고용과 관련된 총체적인 이미지를 의미한다. 즉, 제품에 대한 선호도가 높으면 소비자들이 그 제품을 구매하게 되듯이 고용 브랜드에 대한 이미지가 높으면 우

수한 인력들이 그 회사에 대한 입사 선호도를 갖게 되는 것이다. 예를 들면, 미국의 컴퓨터 소프트웨어 프로그램 회사인 SAS 인스티튜트사는 일과 삶의 균형을 추구할 수 있는 다양한 복리후생 프로그램을 통해 강력한 고용 브랜드를 구축하고 있다.

이 회사에 다녀야 하는 강력한 이유는 곧 대외적으로 잠재 인력들에게 직장 이미지로 굳어지게 되며, 이것이 바로 고용브랜드이다. '일과 삶의 균형(work & life balance)'을 고용브랜드로 삼고 있는 SAS는 웹사이트나 다른 매체를 통해 일과 삶의 균형을 실현하는 다양한 제도들(예를 들어, 직원 자녀들을 위한 탁아소 운영, 유연한 근무 시간제, 노부모 케어 시스템, 건강증진을 위한 체육관련 시설 등)을 구체적으로 소개하고 있다. 특히 SAS 인스티튜트사의 경우 '일하기 좋은 100대 기업' 중 20위 안에 2005년 현재 8년째 선정되고 있는데, 고용 브랜드 관리 측면에서 성공한 사례로 꼽히고 있다.

일부 대학에서는 삼성 입사를 위한 스터디 그룹을 만들어 삼성 입사를 준비한다고 하듯이 삼성의 고용 브랜드 가치는 그만큼 높다고 할 수 있다.

이렇듯 삼성의 고용 브랜드가 높게 나타난 것은 삼성이 사원들로 하여금 '삼성맨'이라는 자긍심을 높일 수 있도록 인재 제일주의에 입각해 교육제도를 운영하였던 데서 그 해답을 찾을 수 있다. '삼성 명함을 내밀면 술값도 외상이다'는 농담도 있듯이 '삼성 출신'이라는 것이 그 사람의 능력을 보증하고 있으며, 고용 브랜드 시장에서 그만큼의 브랜드 가치를 인정받고 있다.

GE는 크로톤빌(Crotonville) 리더십 센터를 운영함으로써 '인재 사관학교'라는 이미지를 얻고 있다. 오늘날의 GE를 있게 한 원동력이

크로톤빌에 있다고 해도 과언이 아니다. GE 출신 경영자라고 하면 그 하나만으로 몸값이 뛰게 된다. 따라서 자연스럽게 우수한 인재들이 회사로 몰려오게 되는 것이다.

GE 크로톤빌 연수원

크로톤빌(Crotonville) 연수원은 지난 1950년대 초 랄프 코디너 GE 회장이 '기업이 운영하는 하버드 대학' 개념으로 6만 5,000평의 땅을 구입하여 설립한 사설 교육기관이다. 피터 드러커 등 당대 저명인사들이 강사로 활동하였으며, 〈포춘〉 지는 '아메리카 주식회사 하버드'라고 칭하였다.

그렇지만 초기 크로톤빌은 그저그런 교육기관에 지나지 않았고, 언론에서는 거대 기업의 '과시용 품목'이라고까지 비꼬았다. 결국 크로톤빌은 GE사원들이 업무 스트레스에서 잠시 해방되는 장소로 전락했다.

잭 웰치 회장은 이러한 크로톤빌을 전면 개혁하여 단순한 교육장에서 차세대 리더를 키우는 인재 양성기관으로 탈바꿈시켰다. 오늘날 GE를 움직이는 원동력은 바로 이 크로톤빌에 있다고 해도 과언이 아니다.

GE의 경우처럼 국내 유명 기업의 CEO들 중 삼성 출신이 유독 많은 것을 알 수 있다. 또한 헤드헌팅 업체에서도 삼성 출신을 선호하는 경향이 뚜렷하다. 그만큼 고용 브랜드가 높은 삼성에 우수 인력이 몰리기 때문이다. 이는 다시 고용 시장이 우수한 인력인 '삼성맨'을 선호하는 선순환을 만들어낸다.

삼성은 체계화된 교육과정을 통해 전문 인력을 양성하고, 이와 함께 창업주 이병철 회장에 대한 존경심, 이건희 회장에 대한 충성심을 갖도록 하면서 삼성에 대한 투철한 사명감에 불타는 수없이 많은 '삼

헤드헌터가 보는 잘 팔리는 안 팔리는 인재
〈출처〉 조선일보(2006. 9. 25)

성맨'을 육성하고 있다.

삼성전자는 '세계 최고의 사업장(Great work place)'이라는 고용 브랜드 구축을 목표로 하고 있다. 세계 최고의 반도체 회사라는 기업 브랜드를 고용 브랜드로 연결시키는 한편 최고의 직장이 될 수 있도록 직원들에 대한 최상의 근무 환경을 제공하고 있다.

우수 인재를 확보하기 위한 수단으로 고용 브랜드가 중요해지면서 다른 국내 기업들도 고용 브랜드의 구축과 홍보에 열을 올리고 있다. LG전자는 '디지털 LG의 주역이 되십시오'라는 슬로건을 통해 디지털 기업의 특성을 부각시키고 있고, 포스코는 '끊임없는 도전정신과 창의력을 갖춘 글로벌 인재'를 강조하고 있다. SK 주식회사는 '패기 있는 인재'라는 슬로건을, 아시아나항공은 '취업 선호도 1위 기업을 향해' 라는 슬로건을 사용하고 있다.

　그러나 국내 많은 기업들이 고용 브랜드 구축에서 간과하고 있는 부분이 있다. 고용 브랜드의 구축이 단지 우수 인력 확보를 위한 구호만으로 성취되지 않는다는 사실이다. 고용 브랜드를 체계적으로 관리할 수 있는 고용 브랜드 관리 시스템이 중요하다. '펀(Fun) 경영' 으로 유명한 사우스웨스트(Southwest) 항공의 경우에는 고용 브랜드 관련 서베이를 전사적인 차원에서 정기적으로 수행하고 있다.

　강력한 고용 브랜드를 구축하려면 기업들은 차별화된 종업원 가치 제안을 하고, 이에 대해 정기적으로 평가하고 피드백하는 고용 브랜드 관리 시스템을 갖추어야 한다.

　일반적으로 고용 브랜드의 평가 지표는 구성원 이직율, 구성원 몰입도, 이직 비용, 핵심 인재 유지율, 입사 제안 조건의 경쟁력 등을 들 수 있다. 선진 기업들의 경우 이러한 지표를 기준으로 고용 브랜드의 사후 관리를 철저히 하고 있다.

　삼성의 경우는 특히 퇴사율 측면에서 고용 브랜드를 관리할 필요가 있다. 삼성전자는 2005년에만 상반기와 하반기 각각 2천 500명씩 모두 5천명을 채용했다. 채용 규모 면에서 역대 최대 수준이었다. 이는 삼성전자가 비약적으로 성장하고 있음을 보여주는 지표이기도 하지만, 달리 해석하자면 들어오는 사람이 많은 만큼 나가는 사람도 많다는 것이다. 삼성의 인재 경영에 대해 분석한 자료에 따르면, 2004년 6월말 현재, 삼성전자의 평균 근속연한이 6.8년에 불과해 50대 상장 기업 가운데 42위에 머물렀다. 삼성전자뿐 아니라 삼성의 전 계열사 가운데 '직원의 평균 근속연한 상위 15개사' 에 든 회사는 없었다. 이 때문에 삼성은 종종 버스에 비유되곤 한다. 즉 삼성이 나가는 사람이 많기 때문에 채용 규모도 커질 수밖에 없다는 것이다.

삼성이 인재 육성을 위해 교육 프로그램을 체계적으로 수립하고, 우수 인력들을 효과적으로 관리한다는 사실은 부정할 수 없다. 그러나 우수 인력 양성을 위한 교육 프로그램과 함께 수반되어야 하는 것이 바로 고용 브랜드 관리와 평가 체계이다.

내부 브랜드화: 사내 브랜드 동화

삼성맨: 삼성 브랜드 파워의 원천

'삼성맨'이나 '삼성인'은 삼성에 근무하고 있는 사람들을 흔히 일컫는 말이다. 반면, '현대맨', 'LG맨' 같은 호칭은 좀처럼 들어본 적이 없다.

유독 삼성에 근무하는 사람들에게만 불려지는 '삼성맨'의 의미는 무엇인가? 이는 한마디로 압축하여 설명될 수 있다. 바로 '삼성 브랜드의 내부화'이다.

삼성의 구성원(내부고객)들이 철저하게 삼성 브랜드에 공감하고 자발적으로 동기부여 되고 내부화됨으로써 그것이 자동적으로 외부 고객들에게 전달되는 것이다. 그 결과 "저 사람은 철저한 삼성맨이야", 역시 "삼성맨은 뭐가 달라도 달라" 같은 말이 나오게 된다.

몇년 전 삼성SDS 직원이 저술한 『다시 태어나도 삼성인이 되겠다』라는 저서가 눈길을 끈 적이 있었다. 평범한 삼성의 현직 과장이 2003년 삼성의 중국 지역전문가로 파견되어 티벳 수도 라싸에서 고

산중에 걸려 실종된 후의 구조과정을 그린 이야기로, 저자의 고백록이자 생과 사를 넘나들었던 체험 수기이다. 본 저서에서 저자는 "삼성의 힘은 모든 개개인이 조직원으로서의 자부심과 동료들을 진심으로 식구로 여기는 강한 연대감에 있다."고 쓰고 있다.

삼성 브랜드의 힘은 바로 삼성인이 느끼는 삼성맨의 자부심에서 출발한다.

삼성맨: 브랜드의 훌륭한 홍보대사

고객들에게 꾸준히 사랑받을 수 있는 삼성 브랜드의 힘은 어디서부터 출발하는 것일까? 그것은 바로 삼성 내부의 조직에서 해답을 찾을 수 있다. 브랜드 경영의 최우선 목표는 브랜드에 대해 고객이 기대하고 있는 바를 잘 파악하는 것이다. 그리고 그 기대에 지속적으로 부응해 가고 그 결과로 나타나는 기업과 고객 간의 동요하지 않는 연대감과 신뢰감을 조성하는 것이다. 이렇게 볼 때 브랜드 경영을 전개하고 이를 실천하는 고객과의 접점에 있는 종업원이 바로 브랜드 파워의 근원지가 되는 것이다.

소비자들의 브랜드에 대한 이미지나 태도는 광고 홍보와 같은 대중 매체만이 아니라 제품의 품질이나 서비스, 각종 이벤트나 사회공헌 활동, 종업원이 말하는 기업의 이미지, 그리고 고객 불만에 대한 상담원의 대응 등에서 영향을 받는다고 한다. 따라서 광고와 같은 대중매체를 통해 브랜드 이미지를 전달하는 것 이상으로 중요한 것은 종업원의 활동 자체라고 할 수 있다. 이것은 비단 B2C 기업뿐만 아니라 B2B 기업에도 해당된다.

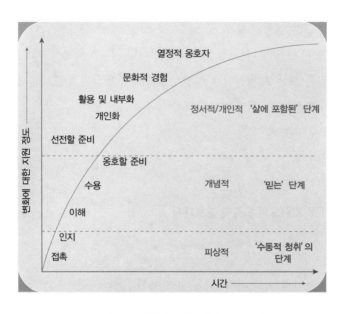

내부 구성원들의 브랜드 동화 단계
〈출처〉 Davis and Dunn(2002), Building the Brand Driven Business, Jossey-Bass

Davis와 Dunn은 내부 구성원들이 브랜드에 동화되는 단계를 '수동적 청취단계', '믿는 단계' 그리고 '삶에 포함된 단계'로 정의하고 시간이 지날수록 피상적인 수준의 동화에서 정서적이고 개인적인 수준의 동화로 나아간다고 하였다. 따라서 기업의 브랜드 가치를 향상시키고 파워 브랜드로 만들기 위해서는 내부 고객인 종업원을 대상으로 브랜드를 '침투'시키는 것이 가장 우선시 되어야 한다.

삼성은 철저하게 브랜드를 사내에 침투시켜 20만 '삼성맨'을 육성하였고, 이들이 국내는 물론 해외를 누비며 삼성 브랜드의 홍보 대사 역할을 담당하고 있다. 그런데 이제는 남녀평등의 관점에서 본다면 '삼성피플'이라는 단어를 사용하는 것도 맞을 것 같다.

삼성의 내부 교육 시스템

삼성은 1957년에 국내 최초로 필기시험과 면접시험으로 이루어진 그룹 차원의 대졸사원 공개채용을 시작하였다. 당시 한국 기업의 인력채용은 대부분 학연이나, 지연, 혈연에 의한 연고 채용이 대부분이었기 때문에 이러한 상황에서 사원의 공개 채용은 이례적인 일이었다. 이것이 하나의 제도로 정착된 것은 1974년이다. 연고에 기초하지 않고 동시에 많은 인원이 기업 조직에 새로이 유입되는 공개 채용의 경우 이들을 기업의 구성원으로 만들기 위한 기업 내 사회화 과정이 필수적이다. 따라서 삼성은 입사가 결정된 사람들을 대상으로 평균 약 1개월간의 신입사원 교육을 실시하였는데, 다소 엄격한 교육과정은 새로운 구성원의 효율적인 삼성인으로서의 탄생의 기초를 다지는 과정이었다.

기업 형성의 초기부터 삼성은 신입사원 교육의 목표는 '三星精神(삼성정신)'의 이해와 주입, 회사 생활의 가이드 역할 수행, 단결력의 고양으로 제시하였으며 직업관과 정신 자세, 회사에 대한 소개가 주된 내용을 이루었다.

삼성의 대표적인 경영 이념은 1973년 '제2차 경영 5개년 계획'에서 작성된 '사업보국', '인재제일', '합리추구'이다. 이후 1988년 이건희 회장이 '제2창업'을 선언하면서 '인간존중', '자율경영', '기술중시'를 오늘날의 경영 이념으로 삼고 있다. 이러한 이념을 적절히 녹여낸 명제들을 삼성인이 지키고 따라야 할 덕목으로 제시함으로써 자연스럽게 소유주의 가치관을 전수받도록 하였다. 이렇듯 삼성은 지속적이고 체계적인 사원교육을 통해 기업주의 이념을 사원들에게 내재화할 수 있었다.

삼성의 기업이념을 전면에 내세운 교육제도뿐만 아니라 종업원의 능력배양이라는 목표 하에 여러가지 자기 개발을 독려한 것이 삼성의 '인재제일' 가치를 사원들의 인식 속에 뿌리내리게 한 요인으로 볼 수 있을 것이다.

삼성은 1997년 『삼성인의 용어』라는 책자를 발간하게 된다. 『삼성인의 용어』에는 삼성의 직원들만이 이해하고 사용할 수 있는 언어들이 소개되어 있다. 이것은 이건희 회장이 1993년 이후 '신경영'을 주장하면서 사장단 회의와 같은 자리에서 즐겨 사용한 용어들을 묶어 놓은 어록이다. 이건희 회장의 사상과 경영철학이 응축되어 있는 말들로, 삼성이 지향하는 문화적 가치관을 내부 고객들에게 전달하기 위한 것이었다.

조직을 하나로 묶고 동일한 가치관을 추구할 수 있도록 하는 것이 '언어'의 통일이다. 말은 문화를 담는 그릇이다. 따라서 동일한 언어를 사용한다는 것은 비교적 합치된 문화를 영위한다는 것을 의미하는 것이다. 삼성은 '삼성인의 언어'를 만들어서 내부 고객들이 숙지하고 사용하게 함으로써 삼성의 가치를 직접 체득할 수 있도록 한 것이다. 이 책의 기저에 깔려있는 것은 삼성만의 집단 의식에 대한 강조이며, 이는 삼성 브랜드를 철저하게 직원들에게 내재화시키기 위한 전략이라고 볼 수 있다.

또한 기업의 종업원들을 대상으로 개최되는 사내 이벤트는, 사원들간의 친목을 도모하고 인간적 유대를 다지는 장이라고 할 수 있다. 각기 다른 사업장에서 일하면서 직접적인 대면 기회가 없었던 다수의 종업원들이 한 자리에 모인다는 것은 그 자체만으로도 의의가 있는 일이다. 삼성은 1968년부터 해마다 10월이면 범그룹 차원에서 '삼성종합체육대회'를 개최해왔다. 이는 삼성의 모든 계열사 임직원은 물론이고, 1973년 처음으로 각 지방에서 근무하는 '공장 종업원'까지 참여하였으며 종업원의 가족들과 대리점 등 관련사 직원들도 참가하는 대대적인 행사로 자리잡았다. 체육대회의 응원전에서는 계열사마다 준비한 카드섹션 등이 이루어졌는데, 삼성의 로고 등을 카드섹션으로 만들어 보였다.

삼성 신경영 용어 엿보기

불량은 암이다

소중히 아끼던 결혼식 테이프가 엉터리 VTR 때문에 망가졌다면 어떤 기분이겠는가? 그 VTR을 만든 회사를 들먹이면서 분통을 터뜨릴 것이다. 그러고는 그 회사에서 만든 것이라면 다시는 사지 않겠다고 마음먹게 된다. 그뿐이 아니다. 만나는 사람마다 "그 회사 엉터리야, 사지마" 하면서 결혼식 테이프 망가진 얘기를 할 것이다. 한번 품질 불량이 나면 그것이 20배로 증폭한다는 통계도 나와 있듯이 한 사람이 나쁘다고 하면 그것이 스무 명에게 전달되고, 다음에는 400명, 8,000명으로 암 세포 분열하듯 급속하게 증가한다. 그렇기 때문에 불량은 곧 암인 것이다.

삼성헌법

변화의 기본은 사람의 변화다. 인간이 바로 서지 않고서는 조직내부 문제인 이기주의, 권위주의, 도덕 불감증을 치유할 수 없으며, 진정한 의미의 초일류 기업이 될 수 없다. 따라서 일류가 되기 위해서는 인간미와 도덕성을 회복하고 예의범절과 에티켓을 준수해야 한다. 이것은 반드시 지켜야 할 우리끼리의 약속이다. 곧 삼성의 헌법이다.

인간미란 아무리 급하게 뛰어가다가도 옆 사람이 넘어지면 일으켜 주는 마음이고, 도덕성이란 양심과 사회 규범에 따라 바르게 행동하는 것이다. 또 예의범절은 유교가 바탕에 깔린 동양적 규범으로 생활의 기본이며, 에티켓은 나라마다 조금씩 다르지만 더불어 살 줄 알고, 자기의 권리 못지않게 남의 권리도 존중할 줄 아는 국제인의 자세를 말한다.

박물관론

대영 박물관이나 루브르 박물관은 세계 곳곳에 흩어져 있는 예술품들을 모아두었기에 그토록 큰 명성을 얻는 것이다. 한데 모을수록 더 큰 값어치를 가진다는 원리는 동물들을 한데 모아 놓은 동물원에서도 쉽게 찾아볼 수 있다.

박물관의 원리대로 한 군데에 모아 놓으면 아무리 작은 것이라도 더 큰 가치를 발휘할 수 있다. 사람도 개개인보다 조직으로 모아서 일하는 것이 더 큰 힘을 낸다. 사람뿐만 아니라 서로 연관성이 있는 시설, 기능, 기술 등을 결합시켜 유기적인 상승효과를 내도록 해서 경쟁력과 효율을 극대화하는 것이 복합화이다. 합치는 것은 어디서나 힘을 발휘한다.

마누라, 자식 빼고 다 바꿔라

변화는 누구부터 시작해야 하고 어떻게 해야 하는가? 나부터 변해야 한다는 원칙 하에 사장부터 신입사원에 이르기까지 모두 동시에 바뀌어야 한다. 인간미와 도덕성 회복, 개인 삶의 질과 조직의 질, 국가의 질을 중시하는 방향으로 바꿔야 한다. 극단적으로 '마누라와 자식 빼고 모든 것을 바꿔야' 한다. 나부터 변하려면 우선 내가 누군지를 알아야 한다. 자기를 먼저 알고 그것으로 바탕으로 해서 스스로를 변해야 한다. '왜?'를 5번 이상 반복해 가면서 자신에게 묻고 생각해 보면 고쳐야 할 점과 변하는 방법을 알게 될 것이다.

히노키

일본의 히노키라는 나무는 1년에 겨우 25cm밖에 자라지 않아 다 자라려면 약 100년이 걸린다. 그러나 이렇게 오랜 기다림의 시간은 그만한 값을 한다.

그윽한 향과 목질의 견고성은 고급 가구를 만드는 데 이상적이어서 장인들은 오래 전부터 그 가치를 높게 인정하고 있다. 똑같이 100년을 키워도 비싼 정원수라고 해야 기껏 몇 백만원을 받는데 히노키는 2~3억원을 받을 수 있다면 어떤 나무를 키우겠는가.

한 그루의 나무를 심을 때에도 어떤 나무를 선택하느냐에 따라 엄청난 수익 차이가 나듯이, 기업도 저 성장, 고 기술의 시대인 21세기에 살아남기 위해서는 하노키와 같은 고부가가치형 수종 사업을 보유해야 한다.

청기와 장수

우리는 기록 문화의 부재로 고려청자, 이조백자, 거북선 같은 선조들의 훌륭한 기술을 전수받지 못했다. 기록 문화가 자리잡지 못한 데는 청기와 장수가 그 독특한 제조 기술을 아무에게도 알려주지 않아 당대에서 맥이 끊어져 버린 것처럼 나만 잘 되려는 이기주의가 깔려 있다.

우리의 책상 서랍에 외국 출장 중에 얻은 자료가 한두 개쯤 숨겨져 있지는 않은가? 또 OJT가 중요하다는 말을 입이 아프게 하면서, 과연 진심으로 후계자를 키운다는 마음으로 후배를 지도하고 있는가? 바로 이점에서 우리 자신이 '청기와 장수'가 아닌지 반성해 보아야 한다. 지식과 정보를 서로 주고받으면서 확실히 전수할 때 조직의 힘은 커진다.

〈출처〉 삼성월드(2003)

체육대회 참가인원의 규모를 통해서도 알수 있듯이 삼성체전은 여느 회사의 체육대회와는 다른 의미를 가지고 있다. 수만명의 종업원과 관계사 임직원들이 한자리에 모인다는 것만으로도 이미 사사로운 친목도모의 차원을 넘어 집합적 존재로서 '삼성맨'을 과시하기 위한 일종의 의례였으며, 스스로가 '삼성맨'임을 다시 한번 과시하도록 하는 의식이었다. 본 체육대회는 1978년 11회를 마지막으로 잠정적으로 폐지되었다가 이건희 회장이 2대 회장으로 취임한 후 1989년 '삼성체전'이라는 이름으로 다시 개최된 이후 1994년 '삼성가족 한마음축제'라는 이름으로 열렸다.

최근에는 그룹차원이 아닌 계열사별로 체육대회를 개최하고 있는데, 삼성전자의 경우 10월에 삼성의 나눔경영 실천의 일환으로 수원 사업장에서 임직원 사랑의 달리기 등 '한가족 어울림 대축제'를 개최하고 있다.

체육대회 같은 의례적인 활동들은 삼성 브랜드 가치의 공유를 가시화하고 사원들에게 회사의 규모를 상징적으로 보여줌으로써 삼성의 가치들을 간접적으로 전달하는 프로그램이라고 볼 수 있다.

시대에 따라 조금씩 변화는 되었지만 삼성의 브랜드를 내부 고객들에게 내재화하는 프로그램들과 다양한 인재 교육 과정은 철저한 '삼성맨' 육성 관리시스템에서 출발한 것이다.

삼성이 창업 초기부터 브랜드 경영의 중요성을 인식하고 이러한 각종 제도와 시스템을 도입했던 것은 아니다. 삼성은 완벽한 '삼성인'의 육성이라는 차원에서 이러한 제도를 운영해 왔다. 즉, 기업 성장을 위해 내부 고객이 기업의 가치와 비전에 동화되는 것이 중요하다는 사실을 직관적으로 깨달았던 것이다.

최근에는 브랜드 경영이라는 용어가 등장하게 되면서 삼성의 각 계열사들은 이러한 각종 프로그램들을 내부 고객을 위한 브랜드 경영이라는 패러다임 하에서 운영하고 있다.

브랜드 가치와 에센스를 설정하고 공유하라: 에버랜드

브랜드를 사내에 침투시켜 종업원들이 브랜드에 동화될 수 있도록
하기 위한 첫 단계는 종업원들에게 브랜드 가치를 전달하고 기업이
추구하고자 하는 고객과의 약속인 브랜드 에센스(Brand Essence)를
설정하고 공유하는 것이다. 이러한 과정은 브랜드 플랫폼으로 정의
된다.

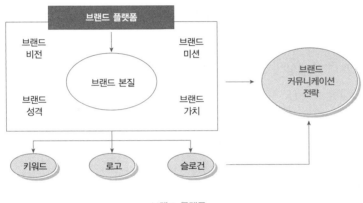

브랜드 플랫폼

여기서 브랜드 에센스란 고객과의 약속을 의미하는 것으로 기업이
추구하는 모든 브랜드 활동의 기본이 된다. 브랜드 에센스는 브랜드
비전(Brand Vision), 브랜드 개성(Brand Personality) 그리고 브랜드
가치(Brand Value)로 구성된다.

브랜드 비전은 회사에 관한 모든 것을 의미하는 기업 비전과는 달
리 고객과의 관계를 고려하여 설정한 비전을 의미한다. 즉, 브랜드가
시장에서 이루고자 하는 꿈과 의지를 표명하고 이를 달성하기 위해

브랜드 비전	인류에게 건강과 행복을 제공하는 세계 초일류 식문화 생활 서비스 창조기업
브랜드 미션	식품과 서비스를 최고 품질로 제공함으로써 소비자 욕구를 충족시키는 것
브랜드 성격	책임감 있는, 일관성 있는, 적극적인, 융통성 있는, 전통적인
브랜드 포지셔닝 컨셉	건강에 좋고 위생적인 식품을 전 세계 사람들에게 제공

〈출처〉 손일권(2003), 브랜드아이덴티티, 경영정신

노력하고 있음을 설명하며 고객들이 경험할 수 있는 구체적인 가치가 무엇인가를 전달하는 것이다. 브랜드 비전은 결국 기업의 미래를 결정하는 가장 중요한 요소가 된다.

브랜드 개성은 고객과의 친밀감을 형성하고 브랜드 비전을 쉽게 이해할 수 있도록 브랜드를 인격화하는 것을 의미하는데, 브랜드가 창출하는 이미지에 의해서 형성되며 브랜드 커뮤니케이션의 일관성을 제공할 수 있도록 해준다.

브랜드 가치는 고객에게 제공하는 제품이나 서비스의 기능적 가치, 사용가치 그리고 경쟁사가 넘보기 어려운 정서적 믿음의 가치로 구성된다.

네슬레(Nestle)의 경우에도 브랜드 플랫폼을 정리하여 브랜드 비전, 브랜드 미션, 브랜드 개성을 정의하고, 이를 내부 구성원들과 공유함으로써 이러한 비전과 미션이 자연적으로 외부 고객들에게 전달되도록 하고 있다.

최근 삼성뿐만이 아니라 국내 기업들이 브랜드 전담부서를 신설하고 브랜드 매니저를 양성하는 등 브랜드 경영을 선언하고 있다. 그러나 브랜드 경영의 진정한 실현은 조직 구성원들에게 브랜드 약속인

브랜드 에센스가 공유되도록 하고, 조직 구성원 모두가 이에 동화되어 브랜드 홍보 대사의 역할을 수행할 수 있을 때 달성될 수 있다. 결국 브랜드의 접점에 있는 내부 구성원들이 브랜드에 대해 얼마나 강한 믿음과 신념을 가지고 있느냐에 따라서 브랜드 파워가 형성된다.

삼성 에버랜드의 경우, 브랜드 경영 도입은 물론 내부 브랜드 커뮤니케이션을 통해 내부 고객들과 브랜드 가치와 에센스를 공유하고 있다.[6]

삼성 에버랜드의 브랜드 네임 '에버랜드'는 ever(영원, 활력을 의미)와 land(자연, 포근함을 상징)의 결합체이며, 브랜드 심벌 '네이처 휠(Nature Weel)'은 인간과 자연의 조화, 인간의 꿈과 사랑, 그리고 희망을 상징하는 6개의 잎으로 구성되어 있다. '에버랜드에서의 하루는 언제나 휴일과 같은 즐거움이 있습니다(Everday is a Holiday at Everland)'라는 브랜드 비전과 '에버랜드는 인생에서 최고의 시간을 만들어 드립니다'라는 미션은 세계적인 브랜드로의 도약에 대한 의지에서 출발한다.

에버랜드 브랜드의 비전 : Everyday is a Holiday at Everland

- 언제나 자기 자신을 즐길 수 있는 시간 제공
- 다양한 테마를 제공하여 원하는 것을 항상 할 수 있도록 하는, 에버랜드의 특징 제시
- 휴일과 같이 편안한 휴식을 즐길 수 있는 시간 제공
- 기억 속에 오랜 시간 남을 수 있는 경험 및 체험을 제공
- 자연 속에서 사랑하는 사람들과 함께 하는 즐거운 시간 제공

에버랜드 브랜드의 핵심 가치

- Memorable Moments : 평생 기억에 남을 추억
- Relaxing in Nature : 자연속에서의 휴식
- Entertaining : 즐거움
- Customized Caring : 고객 만족
- Safety : 안전

에버랜드에는 체계적인 브랜드 관리를 위해 제품 수준의 브랜드 매니저(BM) 형태가 아닌, 최고 경영자가 중심이 된 기업 차원의 브랜드 관리 조직을 구축하고 있다. 'Brand Council' 은 광고, 홍보, 웹사이트 등 대외적인 커뮤니케이션을 담당하는 '브랜드 홍보팀' 과 브랜드 이미지를 파크내 각종 사인물, 건축물, 인테리어, 음향 및 음악, 조명, 시설, 의상 및 축제 등에 적용하고 파크 내 브랜드 관리를 책임지는 'PQC(Park Quality Control)& 디자인실' 의 협의체로 구성되어 있다. 브랜드 카운슬은 브랜드 전략 수립과 브랜드 확장, 파크 내 브랜드 적용 등 체계적이고 통합적인 브랜드 관리를 책임지는 브랜드 총괄 조직이라 할 수 있다.

또한 에버랜드는 고객의 경험을 디자인하기 위하여 '서비스 혁신팀' 을 신설하였다. 이 팀은 고객의 니즈를 분석하여 기존 서비스의 문제점을 개선하는 한편 고객 감동을 이끌어 낼 수 있는 혁신적 서비스를 개발하고 있다. '서비스 엔젤' 이라는 서비스 리더 조직은 현장의 우수 인력을 발굴해 포상함으로써 현장 서비스를 강화하고 있다. 이처럼 에버랜드는 전사적인 브랜드 조직을 통해 브랜드 약속을 실천함으로써 고객과의 긴밀한 관계를 구축하였다.

에버랜드는 또한 내부 고객의 만족을 통한 외부 고객의 만족을 실현하는 것을 주요 목표로 삼고 있다. 이를 위해 내부 고객 개개인의 능력향상과 경력개발을 지원하고 발휘된 능력에 상응하는 보상을 제공하고 있다. 그 결과 직원 모두가 에버랜드 브랜드의 홍보대사로서의 자부심을 갖게 되었다.

특히 '엔터테인먼트형 감성 연출 서비스'라는 혁신 프로그램을 도입하여 과거의 단순한 친절 위주의 서비스에서 한단계 업그레이드된 고객 중심적이고 체계화된 고객만족 서비스를 제공하고 있다. 이를 위해 에버랜드는 현장별로 다양한 시나리오를 마련, 춤과 노래, 익살스런 개그 등 직원들의 끼와 재능을 맘껏 보여줄 수 있는 기회를 제공하며, 성과에 대한 보상을 아끼지 않고 있다.

보상시스템으로 손님 칭찬카드, 서비스 엠버서더 카드를 통한 칭찬 마일리지 제도, 힘든 부서에서 일하는 직원들을 위한 과일과 음료 제공, 그리고 상금과 꽃등으로 보상하는 스마트(Smart) 제도 등을 운영하고 있다. 보상시스템 외에 서비스 사관학교라고 불리는 '서비스 아카데미'와 서비스 혁신을 전담하는 '서비스 혁신팀'을 중심으로 체계적이고 선진화된 교육 시스템을 운영하고 있다. 서비스 아카데미에서는 감성연출 서비스를 위한 서비스 교육, 신입직원 교육, 직무교육, 현장 관리자들을 위한 커뮤니케이션 교육 등 다양한 교육을 실시하고 있다.

삼성 에버랜드는 내부 고객 만족을 위해 여느 삼성계열사와 마찬가지로 인재 육성을 위한 다양한 제도를 운영하고 있으며, 특히 서비스인으로서의 자부심을 심어주기 위한 프로그램을 운영하고 있다. 일례로 에버랜드 기숙사는 1인 1실이다. 여러 명이 한 방을 쓰는 기숙사로 하자는 의견이 있었지만, 하루 종일 사람을 상대해야 하는 직원들에게 조용한 휴식시간을 주기 위해서이다. 기숙사 이름도 캐스트 하우스(Cast House)라고 부르는데, 이는 일반적으로 불리는 직원이란 호칭대신 에버랜드를 하나의 무대(Stage)로 보고 직원을 무대의 연극배우인 캐스트(Cast)로 부르기 때문이다. 즉, 종업원을 고객 만족을 위해 자신만의 서비스를 연출해 내는 배우로 보고 있는 것이다.

인재 육성 교육으로는 친절 서비스 교육, 외국어 교육, OA 교육 등을 시행하여 업무능력을 향상시키고 사내 독서대학의 운영, 외부 교육 지원 등으로 업무지식을 습득하게 하고 있다. 또한 개인소양의 함양을 위해 전 사원 눈높이 해외연수와 자기계발 프로그램을 운영하는 등 사원 능력 향상 체계를 통해 직원의 고객만족 서비스를 위한 동기부여 및 환경을 조성하고 있다.

이러한 브랜드 경영 및 내부 브랜드화 결과 삼성 에버랜드는 2004년 대한민국 브랜드 대상에서 브랜드 경영부분 대상인 대통령상을 수상하였다.

브랜드의 훌륭한 홍보 대사는 바로 내부 구성원들이다. 조직 구성원들의 브랜드에 대한 믿음, 주인의식 그리고 참여의식이 없다면 브랜드 경영은 소리 없는 메아리에 불과하다. 삼성만의 철저한 내부 브랜드화를 통한 20만 삼성맨이 있기에 삼성의 브랜드 파워가 외부로 힘있게 발산되고 있는 것이다.

최근 학계에서는 내부 브랜드화는 외부 브랜드를 위한 선행단계이자 외부 고객들의 충성도를 높이기 위한 초석 역할을 한다는 연구가 발표되고 있다. 이처럼 내부 고객의 만족과 유지가 기업 성공의 핵심적인 요소가 되고 있다.

Berry와 de Chematony는 내부 브랜드화가 외부 브랜딩 활동과 동등하게 중요하며, 외부 고객과의 접점에서 모든 종업원들이 기업의 브랜드 실체를 전달하는 브랜드 외교관이 되도록 하기 위해서는 '브랜드 내재화' 활동이 필요하다고 하였다.

삼성의 브랜드 내재화로 육성된 삼성맨들에게서 우리는 강한 자부심과 자긍심을 느낄 수 있다. 자부심은 결국 주인의식을 불러일으키며 주인의식은 삼성만의 브랜드 약속을 행동으로 실천하게 만든다. 그리고 이러한 행동은 결국 고객 관계 강화로 이어져 삼성 브랜드 파워를 강화하는 사이클을 형성하고 있다.

CEO 브랜드, 이병철과 이건희

아버지가 장사하는 것을 보며 자랐다

1994년 10월 영국 상공부 마이클 헤슬타인 장관과의 만찬자리에서 정치 참여 질문에 대해 이건희 회장은 다음과 같이 대답했다고 한다.

> "선친이 장사하는 것을 보며, 세살 때부터 주판을 갖고 놀았습니다. 저는 정치보다 장사를 잘 알고 거기에 맞는 사람으로 키워졌습니다. 전 양복과 잠옷만 있고 중간 옷은 없습니다. 잠옷을 입고 있는 시간이 더 많은데, 잠옷을 입고 정치를 할 수는 없지 않겠습니까?"

양복은 비지니스맨을, 그리고 잠옷은 평범한 가장을 비유한 말이다. 이건희 회장은 삼성을 한국을 대표하는 제1의 기업 그리고 삼성이 내걸고 있는 슬로건처럼 삼성을 '한국의 대표브랜드'로 만들었다. 기업의 이미지를 구성하는 핵심재료 중에는 CEO에 대한 대중의 이미지 이른바 회장 아이덴티티(Chairman Identity)를 빠뜨릴 수 없다. 이건희 회장은 스스로를 잠옷보다, 중간 옷을 입은 것 보다, 양복을 입은 비즈니스 맨의 모습으로 이미지를 갖도록 철저하게 관리했다고 평가된다.

대중이 기업에 대한 이미지를 형성하는 데 있어 기업이 갖는 인간적인 측면을 강조하는 식으로 CEO를 브랜딩함으로써 기업에 대한 인간적인 이미지를 갖게 만들기도 한다. 따라서 이러한 경우 CEO의 대중적인 이미지는 곧 바로 기업 이미지와 직결된다. 체계적으로 관리된 CEO 브랜드는 기업 브랜드 가치에 못지않은 파워를 갖게 된다.

예컨대, 경력이 화려하고 명성 있는 새로운 CEO가 부임하게 되면 갑작스럽게 주가가 폭등하는가 하면, 투자자들은 새로 부임한 CEO의 브랜드 가치를 믿고 투자가치를 상향 평가하기도 한다.

휴렛 팩커드(HP)에서 약관의 나이에 루슨트 테크롤로지사를 성공적으로 이끈 여성인 칼리 피오리나를 신임 CEO로 영압할 것이라고 발표하자 HP의 주가는 1.9% 상승했다. 반면 칼리 피오리나가 떠난 루슨트의 주가는 떨어졌다. 미국의 대표적인 통신업체인 AT&T사의 경우도 능력있는 전문경영자 마이클 암스트롱을 CEO로 영입하기로 하자 주가가 5% 이상 상승했다.

세계적인 기업 컨설팅 · 홍보 업체인 버슨 마스텔러(Burson-Marsteller)가 미국 경제전문가 1,000여 명을 대상으로 설문 조사한 결과에 따르면 CEO가 그 기업의 평판에 미치는 영향은 1997년 40%에서 2003년 50%로 상승한 것으로 나타났다. 이처럼 CEO 브랜드가 기업의 가치를 높이는 중요한 요인이 되고 있다.

펜실베이니아대 경영학과 데이비드 라커 교수는 그의 연구를 통해 "CEO의 평판이 10% 좋아지면 그 기업의 시가총액은 24% 늘어난다"는 결론을 내리기도 하였다. CEO의 브랜드 가치가 기업가치와 밀접한 관계가 있다는 사실이 입증되자 기업들은 높은 브랜드 가치를 보유한 명성 있는 CEO들을 대상으로 고액의 연봉이나 스톡옵션을 제안하면서 열띤 영입 경쟁을 벌이고 있다.

GE의 잭 웰치, 마이크로소프트의 빌게이츠, 소니의 이데이 등은 기업 브랜드 이상으로 CEO 브랜드가 더 유명한 대표적인 경우이다.

제품의 고유한 정체성을 브랜드 아이덴티티(Brand Identity)라고 한다. 이를 사람에게 적용하면 개인 아이덴티티(Personal Identity)가 되고, CEO에 적용하면 사장 아이덴티티(President Identity)가 된다. 성공한 CEO들은 그 자신이 탁월한 경영 능력을 가졌기 때문에 인정을 받는 것은 사실이다. 그러나 이와 별도로 CEO들의 아이덴티티는 기업의 총체적인 이미지 관리의 대상이기도 하다. 즉 기업이 추구하고자 하는 아이덴티티와 일치하는 방향으로 CEO의 이미지를 만들고 또한 고객들에게 신뢰감을 줄 수 있도록 CEO의 모든 면을 브랜딩하는 것이다. 이 같은 CEO 브랜딩은 주주, 종업원, 그리고 일반 소비자들에게 기업에 대한 긍정적인 이미지를 심어주게 된다.

다음 그림에서처럼 기업은 전략적으로 최고 경영자 아이덴티티를 강화함으로써 기업 가치를 높일 수 있다. 브랜드화된 CEO는 기업의 이미지를 긍정적으로 제고하는 역할을 하게 된다. 따라서 최고 경영

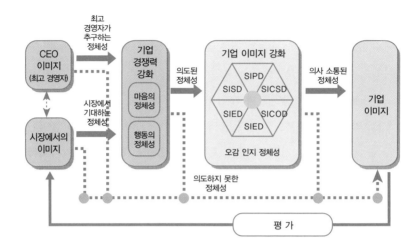

기업 이미지 통합 관리 프로세스
〈출처〉 조동성(2003), 21세기형 기업전략 강의안

자 아이덴티티 관리는 최고 경영자의 퍼스널 브랜드를 구축해 회사 가치로 연계시키는 총체적인 활동을 의미한다.

한 기업의 CEO는 개인이 아니라 걸어 다니는 기업 이미지이다. 이러한 차원에서 본다면 이병철 회장과 이건희 회장 또한 철저하게 의도적으로 대표적인 삼성맨으로 관리되어 왔다고 평가할 수 있다.

한국의 대표 CEO 브랜드가 되기까지[7]

이병철 회장은 1938년 29세때 자본금 3만원과 은행자금 20만원으로 삼성상회를 설립했다. 이 회장은 만주에 청과물과 건어물을 수출하고 제분업을 병행하면서 1년 만에 두 배의 이익을 거뒀고 이를 토대로 하여 조선양조장을 매입하여 삼성의 기틀을 마련하였다.

1980년대만 해도 삼성은 6.25직후 제당공장을 제일 먼저 건설하여 설탕을 독점하고, 사카린 밀수사건 등으로 벼락부자가 된 부정축재의 재벌기업으로 인식 되어 있었다. 이병철 회장에 대한 부정적 이미지는 1969년 〈신동아〉에 실린 글에도 잘 나타나 있다.

> "웬만해서는 대중적인 장소에 나타나지 않고, 고만과 냉철로 정평이 있는 이병철씨는 삼성물산 설립이후 2년여 만에 제일제당을 설립하여 소비재 생산기업으로 착실히 돈을 모았고, 환도(還都) 후에는 제일모직을 세워 전화로 시달리고 있는 헐벗고 굶주린 국민들의 일차적 생필품인 의식부문의 톱 메이커가 되었다."

그러나 어느 순간 이병철 회장은 부정축재의 대표 기업가에서 한국의 경제를 이끈 한국의 대표 기업가로 긍정적으로 표현되기 시작했다.

1980년대 각종 언론 자료에 의하면, 이병철 회장은 '경영의 귀재', '용병의 달인', '부의 대명사' 등으로 불리어지면서, 50년 한국 기업의 역사이자, 한국 재계의 영욕을 대표하는 기업인으로 표현되었다. 또한 그룹 내에서 천황이라 불릴 만큼 카리스마적 권위로 기업을 이끌어 왔다고 표현되었다. 이병철 회장은 삼성의 창업주로서 냉철한 판단력와 확실한 조직관리 능력을 지닌, 국가와 사회를 생각하는 인물로 묘사되었고, 특히 이병철 회장 사후에는 한국 경제의 신화적인 인물로 포지셔닝 되고 있다.

이병철 회장의 경영어록만 살펴봐도 이러한 내용을 확인할 수 있다.

"인재제일, 인간본위는 내가 오랫동안 신조로 실천해온 삼성의 경영 이념이자 경영의 지주이다. 기업가는 인재양성에 온갖 정성을 쏟아야 한다. 인재양성에 대한 기업가의 기대와 정성이 사원 한사람 한사람의 마음에 전달되어 있는 한 그 기업은 무한한 번영의 길을 걸어갈 것이다."

_ 1982년 10월 기고문

"일이 잘돼 나갈 때 오히려 다가올 불행을 각오해야 한다. 기업가도 뜻하지 않은 좌절을 겪어본 기업가가 좌절을 모르고 자라난 기업가보다 훨씬 더 강인한 경영 능력을 갖고 있다."

_ 1975년 9월 '최고 경영자와의 대화'

한비사건, 부정축재 등으로 인해 인간미라고는 찾아볼 수 없었던 기업 삼성은 이병철 회장의 인간적인 모습을 강조하는 CEO브랜드 전략을 구사하게 된다. 1985년에 〈주간조선〉의 글을 보면, 다음과 같은 인간 이병철 회장의 모습이 그려져 있다.

"신문연재 소설을 빠짐없이 일고 맥아더 전기를 탐독하는 독서광. 노령의 나이답지 않게 프로권투 중계를 즐기고 마카로니 웨스턴 등 서부극을 좋아하는 사람이 이병철씨이다. 역학에 심취하는가 하면 최근에는 반도체라는 첨단기술에 흠뻑 빠져있다. 30여년 동안 주중 같은 날, 같은 시간에 어김없이 골프장 코스를 도는 그의 모습을 불 수 있는데, 밤에는 고즈넉이 국악을 즐기는 일면을 갖고 있는 이가 바로 이회장이다."

"이회장은 메모광으로 소문나 있다. 새벽 6시 기상하자마자 시작되는 메모는 회장실에 출근해서도 끊임없이 계속된다. 이 때문에 삼성그룹 임원들이 회장 앞에서 더욱 기를 펴지 못하는 것 같다. 모든 일을 구두 결재하는 이회장이 삼성그룹의 경영을 총괄하고 그 방대한 조직을 움직여가는 것도 바로 이 메모에서 출발하는 것이다."

이병철 사후에는 그가 한국의 경제를 이끈 재벌 총수가 될 수밖에 없었던 이유를 그의 비범함 때문으로 승화시키면서 한국을 대표하는 제1의 CEO 브랜드로 만들었다.

"호암 이병철은 시계추 같은 사람이었다. 출퇴근 시간은 칼처럼 지켜졌고, 시계도 보지 않고 일하다가 '탁' 하고 펜을 놓으면 정확하게 12시 25분, 점심시간이었다. 목욕물 온도도 일정해야 했는데, 온도가 1도만 달라도 몸을 담그자마자 알아차렸다. 계절에 따라 골프 티오프 시간도 분단위로 다르게 했다. 그처럼 까다로운 부친 앞에서 이건회 회장은 혈기 왕성한 20대 중반부터 자세 한번 흐트러지지 않고, 좋아하는 담배 한대 못 빼물고 꼬박 20년을 넘게 경영수업을 받았다. 계열사 사장들이 점심때 두 시간만 불려 갔다와도 오후에 일을 못할 만큼 무너져 내렸다는 호암 앞에서 이건회 회장은 모직, 합섬, 제당, 중공업, 항공, 보험에 이르기까지 다양한 계열사들의 사정을 꿰뚫어볼 수 있는 안목을 길렀다"

이러한 언론 소개를 통해 자연스럽게 삼성의 제2대 회장인 이건희 회장의 경영 능력에 대해서도 브랜딩하는 작업이 이루어졌다.

'조용한 카리스마'의 소유자 이건희

이병철 회장은 슬하에 3남 5녀를 두었다. 그러나 유교적 전통과 장자 승계가 원칙인 한국에서 3남인 이건희 회장에게 삼성그룹이 맡겨진 것은 그 당시 의외의 사건이었다. 이건희 회장에 대해서는 공통적으로 '말수가 적고, 혼자서 깊이 생각하며, 술도 못하는' 스타일로 기사화가 되어 있다. 그러나 이는 '조용한 카리스마'를 가진 CEO의 모습으로 그려진다.

이병철 회장은 호암자전에서 이렇게 회고한 바 있다.

> "장남 맹희는 주위의 권고와 본인 희망대로 그룹 경영을 일부 맡겨 봤지만 6개월도 못가 맡겼던 기업은 물론 그룹 전체가 혼란에 빠지고 말았고, 둘째 창희는 그룹 산하의 많은 사람을 통솔하고 복잡한 대 조직을 관리하는 것보다는 알맞은 회사를 건전하게 경영하고 싶다고 해서 희망대로 해주었고, 건희는 와세다대 1학년 때 중앙 매스콤을 맡아 보라고 했더니 본인도 좋다고 했는데 조지 위싱턴대 유학을 마치고 돌아와서는 그룹 경영에 차츰 참여하기 시작했다. 내가 겪은 기업 경영이 하도 고생스러워 중앙일보만 맡았으면 하는 심정이었지만 본인이 하고 싶다면 그대로 놔두는 것이 옳지 않을까 생각했다."

1987년 11월 19일 이병철 회장이 타계한 뒤 그해 12월 1일 삼성의

2대 회장에 취임한 이건희 회장은 주변의 우려에도 불구하고 삼성을 대표브랜드로 만드는 데 성공하면서 조용한 카리스마의 소유자로, 그리고 10년 앞을 내다보는 선견지명을 가진 CEO 브랜드로 대외적으로 인식되게 된다.

이건희 회장은 리더십, 카리스마, 통찰력, 비범함을 가진 CEO 브랜드로서 삼성의 역할과 비전 제시자로서의 역할을 담당하게 된다.

이 회장의 '신경영 전도사'라는 평가를 받았던 이학수 삼성구조조정본부장은 이 회장을 비전을 제시하는 리더로 평가했다.

> "반도체 투자 같은 천문학적인 액수는 보통의 최고 경영자들은 쉽게 결정을 내리지 못한다. 한때 잘나갔던 일본 반도체 업체들도 CEO들이 결단을 내리지 못해 투자 시기를 놓쳤다. 반면 삼성은 이 회장이 전략을 제시하고 투자를 결정해 줌으로써 강력한 리더십이 생긴다. 계열사 사장들은 회장의 비전 제시를 책임감 있게 충실히 이행하고 구조본은 이 과정에서 정보분석 등 보좌업무를 수행한다. 삼성의 힘은 이 같은 '3각 경영시스템'에서 나온다고 자타가 공인하고 있다. 사장을 비롯해 임직원들이 '우리 회장'을 진심으로 따르고 승복하니까 이같은 영향력이 나오는 것이다."

이건희 회장의 미래를 내다보는 통찰력과 리더십에 대해서는 이건희 회장의 경영 담론에도 잘 나타나 있다.

> "반도체 사업 진출 당시 경영진들이 TV도 제대로 못 만드는데 너무 최첨단으로 가는 것은 위험하다고 만류했지만 우리 기업이 살

아남을 길은 머리를 쓰는 하이테크 산업밖에 없다고 생각해 과감히 투자를 결정했다. 다른 분야도 그렇지만 반도체는 시기를 놓치면 기회손실이 큰 만큼 선점투자가 무엇보다 중요하다."

_ 2004년 12월 반도체 30년 기념식

"변하는 것이 일류로 가는 기초다. 앞으로 5년이면 회장 취임 10년인데 10년 해서 안 된다면 내가 그만두겠다. 자기부터 변하지 않으면 안 된다. 마누라하고 자식만 빼고 모두 바꿔라."

_ 1993년 6월 신경영 선포

특히 이건희 회장은 인재 관리에 있어서 탁월한 능력을 가진 CEO로 브랜딩 되었다. 이건희 회장은 한번 실패를 경험한 사람이 좌절을 딛고 성공했을 때 전격적인 지원을 아끼지 않으며, 인재 관리를 철저하게 하는 CEO로 보여진다. 이건희 회장의 인사 철학은 '의인불용 용인불의(疑人不用 用人不疑)'로 알려져 있다. 의심나면 쓰지 말고, 일단 쓰기로 마음먹었으면 결코 의심하지 말라는 것이다. 한 일간 신문사와의 인터뷰에서 그는 이렇게 말했다.

"아무리 능력 있는 최고 경영자라 해도 모든 사업에서 성공한다는 보장은 없어요. 그런데 실패했다고 무조건 버리면 인재를 잃는 것입니다. 다른 사업부로 옮기면 더 큰 성공으로 지난번의 실패를 만회하는 경우를 많이 봤어요. 그래서 저는 '실패는 자산'이라는 이야기를 자주 합니다. 과감하게 새로운 것에 도전하는 과정에서 생기는 실수나 실패는 소중한 경험이자 자산이 될 수 있으므로 격

려받아야 한다고 생각합니다. 반면 동일한 실패의 반복은 용서할
수 없다는 게 제 생각입니다."

어려움을 극복한 간부에 대해 이 회장이 쏟는 각별한 애정을 잘 보
여주는 사례가 이기태 삼성전자 사장의 중용이다. 93년 6월 이 회장
이 독일 프랑크푸르트로 간부들을 불러 신경영을 선언하던 당시, 이
사장은 삼성전자 무선사업부 이사였다. 엄청난 위기라며 "일류만이
살아남는다"고 강조하는 이 회장의 말을 듣던 이 이사는 눈물을 줄줄
흘렸다고 한다. 당시 불량품을 양산해 내던 단말기 기술 수준을 뼈저
리게 자책했던 것이다. 그러나 94년까지도 불량품은 계속 쏟아졌고,
하루아침에 일류로 도약하기는 불가능해 보였다. 이기태 사장의 좌절
은 깊어갔다. 그러나 이 회장은 다시 한번 도전해보라고 격려했다. 이
에 힘을 얻은 삼성전자 무선 전화팀은 그동안 만든 단말기를 모두 모
아 불태워버리고 처음부터 다시 시작하겠다는 각오를 다졌다.

이렇게 해서 '애니콜 신화'는 시작됐고 이기태 사장은 상무이사(96
년), 전무이사(98년), 부사장(99년)을 거쳐 2001년에 삼성전자 정보
통신 총괄 대표이사 사장이 될 수 있었다. 거의 1년에 한 단계씩을 뛰
어오르는 고속 승진을 거듭하였는데 이는 이건희 회장의 인재 관리
를 잘 보여주는 사례로 소개된다.[8]

특히 이건희 회장과 관련된 일화들은 그가 삼성그룹의 대표로 삼
성이 고객들에게 보여주고 싶은 이미지를 담아 그려지고 있다. 〈신동
아〉에 실린 회고담에서 이학수 구조조정본부장은 이렇게 말했다.

"1991년 이회장과 임원들이 LA로 출장을 갔는데, 회장 방으로 갔

더니 삼성 VCR과 도시바 VCR이 분해되어 있었다. 전자제품 가게에 들른 회장이 구석에서 먼지를 뒤집어 쓰고 있는 삼성 VCR를 보고 열이 받아 두 제품을 사들고 와서 뜯어 본 것이다. 이회장이 부품 수를 세어봤더니 삼성 VCR의 부품 수가 도시바 VCR 보다 30%쯤 더 많았다. 그런데 가격은 삼성 제품이 오히려 30%쯤 쌌다. 이회장은 부품수가 많으면 원가가 올라가고 제품이 무거워져 물류비가 올라가고, 고장률이 높아져 AS비용도 올라가는데 그러고도 왜 싸게 팔고 있느냐며 다그쳤다. 그 후 이회장의 '기술자문'을 받아 도시바 제품과 부품수가 비슷한 위너스 VCR를 개발했는데 이 제품은 시장에서 대단한 호평을 받았다."

이건희 회장이 삼성의 제품과 외국 유수기업의 동일 제품을 분해해가면서 그 차이를 분석하고 열세 원인을 파악했다는 이러한 이야기들은 그룹의 총수가 계열사의 제품 하나하나에 신경을 쓰고 있다는 이미지를 전달하면서 이건희 회장에 대한 신뢰성은 물론 삼성에 대한 신뢰와 믿음까지 높여주고 있다.

특히 삼성은 1993년 이건희 회장이 이른바 신경영 선언을 하면서 삼성에 대한 이미지에 많은 변화를 가져왔고, 이에 맞춰 이건희와 삼성에 대한 책들이 쏟아져 나오게 되면서 삼성에 대한 이미지 변화에 더욱 박차를 가하게 되었다.

이렇듯 삼성의 창업주 이병철과 후계자 이건희 회장은 철두철미하고 믿음직한 CEO, 카리스마를 소유한 CEO로 브랜딩 되어졌고, 이를 통해 삼성의 기업 이미지를 만들어가고 있다.

03

삼성 브랜드 알리기

삼성의 기업 PR활동은 시대상황 및 환경변화와 관련성을 두면서 기업의 역할이나 철학, 기업시민으로서의 사회적 역할을 강조하거나 사회의 트렌드를 리드해 왔다. 삼성의 PR 활동을 사회적 맥락과 함께 살펴봄으로써 삼성이 어떠한 기업 브랜드 이미지를 전달하고자 하였고, 그 결과 어떠한 기업 브랜드 이미지가 형성되었는지 파악할 수 있다.

브랜드 커뮤니케이션과 PR

브랜드 관리자는 자사의 제품이나 서비스에 대한 소비자의 인지 수준을 높이고 그들의 마음속에 우호적이고 강렬하며 독특한 연상을 만들어내야 한다. 또한 기능적이고 경험적이며 상징적인 이익에 관한 브랜드 이미지를 창출하여 회사나 제품에 관해 소비자의 긍정적인 태도를 유도해야 한다. 이러한 기업 브랜드 이미지를 고객에게 전달하는 경로는 다양하다. 기업이 판매하는 브랜드를 통해서 전달될 수도 있고 기업의 업무활동이나 제공하는 서비스에 대한 접촉을 통해서 전달될 수도 있다. 그러나 제품과 서비스를 통한 브랜드 경험은 단편적인 호감을 제공하는 반면에 기업 가치를 고객에게 의도적으로 전달하는 기업 PR활동은 총체적으로 기업 브랜드에 대한 호의적인 이미지를 창출할 수 있다.

일례로 1976년 애니타 로딕(Anita Roddick)에 의해 동물시험을 거치지 않은 순수한 성분의 천연 화장품을 만드는 기업이라는 비전을 가지고 창립된 바디샵(The BODY SHOP)은 환경보호와 동물 대상 실험 폐지 등의 PR 캠페인 활동을 적극적으로 펼쳤다.

특히, AAT(Animal Against Test), DHR(Defend Human Rights), POP(Protect Our Planet) 같은 캠페인을 통해 바디샵은 비윤리적이고 불필요한 동물실험의 폐지를 촉구하고, 세계 곳곳에서 자행되고 있는 인권 유린에 맞서는가 하면, 지구를 살리기 위해 자원 낭비를 최소화할 것을 호소하기도 하였다.

이러한 PR 캠페인 활동을 통해 소비자들은 바디샵에 대해 친환경적인 기업이라는 호의적인 브랜드 이미지를 갖게 되었고 소비자들이

바디샵의 제품을 사는 것이 곧 윤리적인 선택이라는 느낌을 갖도록
하였다.

트렌드를 리드하는 기업 PR[1]

기업 PR의 정의는 다양하지만 기업의 이해관계자들과 좋은 관계
를 유지하기 위해 벌이는 모든 활동이라고 정의할 수 있다. 즉, PR은
이해관계자가 그 기업을 호의적으로 생각하고 나아가 그 기업을 신
뢰하게 하려는 모든 활동이며, 따라서 기업의 PR활동은 기업을 둘러
싸고 있는 환경에 주목해야 한다.

지금까지 삼성의 기업 PR활동은 시대상황 및 환경변화와 관련성
을 두면서 기업의 역할이나 철학, 기업시민으로서의 사회적 역할을
강조하거나 사회의 트렌드를 리드하는 방식으로 진행되어 왔다. 따
라서 삼성의 PR 활동의 내용을 사회적 맥락과 함께 살펴봄으로서 삼
성이 어떠한 기업 브랜드 이미지를 전달하고자 하였는지, 그리고 그
결과 어떠한 기업 브랜드 이미지가 형성되었는지를 파악할 수 있다.

PR 프로그램은 보통 웹사이트, 광고와 후원 컨텐츠, 인트라넷, 고
객용 엑스트라넷, 웹 홍보, 이메일 등 다양한 방법으로 전개되고 있
으나 여기서는 시대별로 신문에 게재된 삼성의 기업 브랜드 PR광고
를 살펴보면서 삼성이 기업 PR광고를 통해 전달하고자 하는 브랜드
아이덴티티가 무엇이었는지 살펴보도록 하겠다.

1970~1989년의 기업 PR광고

1970년대 한국사회의 가장 큰 이슈는 '경제성장'이었다. 1970년

8월에 집행된 '세계로 뻗어가는 삼성그룹 편'은 이 시기 삼성이 추구하는 기업 브랜드 아이덴티티를 단적으로 보여주는 사례이다. 쭉 뻗어져있는 일직선의 고속도로 끝에 지구가 놓여 있고, 고속도로와 지구가 만나는 지점에 '세계로 뻗어가는 삼성그룹'이라는 문구가 자리하고 있다. 그림 아래쪽 지구의 맞은 편에는 삼성그룹의 계열사가 나열되어 있다. 이 PR광고는 삼성이 세계시장을 상대로 하는 회사임을 독자들에게 각인시키고자 한 것이었다.

1976년 9월 '삼성물산은 세계시장을 하나로 엮어갑니다' 편에서는 동경, 대만, 홍콩, 시드니, 싱가폴 뉴욕 등 20개 이상의 해외지점을 나열하고 삼성과 이들 계열사가 튼튼한 동아줄로 엮여 있는 모습을 표현하였다. 이 광고에서는 삼성이 종합상사 1호라는 점을 적극적으로 이용하였다.

1970년 8월 삼성그룹 PR광고
〈출처〉광고정보센터

1977년 1월 게재된 '새해다짐 100억불 수출 — 수출입국의 선두주자 삼성물산' 편에서는 광고 상단 부분에 TV와 통조림, 식품, 펄프 등 삼성의 제품과 한국의 전통 유산인 하회탈, 전통문양 등이 모자이크 식으로 배열되어 있고 한가운데에 삼성이 1975년과 1976년에 수상한 두 개의 수출탑이 놓여져 있다. 이 광고는 '새해 새다짐 100억불 수출 — 수출입국의 선두주자, 삼성물산'이라는 문구를 통해 100억불 수출을 겨레의 숙원으로 표현하면서 한국산업의 수출이 성장해가고 있다는 메시지를 전달하였다.

이처럼 1970년대 삼성은 세계지도나 산업현장을 형상화하는 이미지를 빈번하게 사용하여 한국과 수출 삼성으로 이어지는 연결고리를 강조하였다.

1980년 정부는 전자산업 육성을 본격적으로 모색하기 시작하였고, 이를 위해 산업체에 대한 각종 규제를 완화하고 금융 및 세제 등 각종 제도상의 지원을 강화했다. 이러한 정부의 경제정책 변화에 따라 삼성은 전자 및 반도체 등 첨단산업 분야에 주력하기 시작하였으

1976년 9월 삼성물산 PR광고
〈출처〉 광고정보센터

1977년 1월 삼성물산 PR광고
〈출처〉광고정보센터

며, 이는 기업 PR광고에도 반영되었다.

1970년대와 1980년대 삼성그룹의 기업 PR광고를 살펴보면 삼성은 한국 경제의 리더로서의 기업 이미지를 강조하였다. 당시 정부는 경제를 중시하고 첨단산업의 육성을 추진하였는데, 이러한 시대적인 상황과 맞물려 삼성이 추구했던 '한국의 경제적 리더'라는 기업 브랜드 이미지는 삼성물산의 무역업, 삼성전자의 전자 및 반도체 산업 등 삼성의 주력 사업 부문의 원동력으로 작용하였다.

1980~1981년에 걸쳐 집행된 한국의 염원 시리즈에서는 남자 어린이가 주인공으로 등장하였다. '왜 모두 다른 나라 사람이 발명했을까?' 편에서는 남자 어린이가 턱을 괴고 앉아 있는 사진과 함께 뒷칠판에는 증기기관차, 비행기, 전화기, 축음기, 전구의 그림과 함께 몇 년도에 어느 나라의 누구에 의해 발명되었는지를 적어 놓고 있다.

'왜 모두 다른 나라 사람이 발명했을까?' 라는 물음은 곧 '우리나라 사람은 왜 발명해내지 못했는가?' 라는 질문으로 이어지고, 삼성이 한국의 과제를 스스로 떠맡는 존재, 국가와 국민들을 위해 일하는 기업임을 전달하였다.

이어서 진행된 '새로운 에너지의 개발 그것은 우리 국민 모두의 염원입니다' 편에서는 새로운 에너지를 개발하는 것이 에너지 절약의 목표를 달성할 수 있는 근본적인 대책임을 강조하고 삼성이 새로운 에너지 개발을 위해 노력하고 있다는 내용을 전달하였다.

'삼성은 기술혁명을 통해 복지사회를 앞당기고 있습니다' 편에서는 앞서 언급한 획기적인 상품이나 새로운 에너지의 개발이 삼성만을 위한 것이 아니라 결국은 한국사회 전체를 위한 것임을 강조하면서 '어린이 – 컴퓨터 – 희망찬 미래 – 삼성' 이라는 이미지의 연결고

1980년대 삼성그룹 PR광고, '한국의 염원 시리즈'
〈출처〉 광고정보센터

리를 만들었다. 이는 삼성이 전개하는 여러 가지 미래 산업은 자연과의 아름다운 조화 속에서 풍요로운 삶을 누리는 복지사회로 가기위한 방법이자 과정임을 설명하였다.

1986년 10월 '인간과 호흡하는 기술, 휴먼테크 편'에서는 파란 배경을 뒤로하고 로봇의 은색의 손과 평범한 인간의 손이 악수하는 이미지가 나온다. 그리고 화면의 오른쪽 3개의 비스듬한 타원형 안에서는 삼성의 첨단산업들에 대해 간략히 설명한다. 광고는 삼성이 인간과 호흡하는 기술, 즉 '휴먼테크'를 추구하고 있음을 전달하였다.

정리하면 80년대 삼성 기업 광고의 키워드는 첨단기술과 풍요로운 사회 혹은 복지사회였다. 여기에서 이 두 가지는 뗄 수없는 관계를 가진 것처럼 그려졌으며 첨단기술은 풍요로운 사회를 위한 필수조건이며 행복한 미래사회를 위해서 삼성이 그 분야에 주력하고 있다는

1980년대 삼성그룹 PR광고, '새로운 에너지 개발'
〈출처〉 광고정보센터

것을 강조하였다. 이는 삼성이 시대의 흐름을 기업 PR에 반영했기 때문이었다. 삼성은 1980년대 정부의 첨단 전자산업 육성 시책에 따라 전자나 반도체 등 첨단산업 분야에 주력하면서 '기술', '첨단', '미래'를 기업 PR광고에서 부각시키기 시작했다.

1990년 이후 삼성의 기업 PR광고

1970년부터 1989년까지 집행된 삼성의 기업 PR광고들이 경제적 가치를 강조하는 것이었다면, 1990년대에 들어서면서 부터는 다분히 감성적 접근을 시도하기 시작하였다.

1994년에서 1996년에 이르기까지 삼성은 세계 일류 시리즈를 전개하였다.[2] 이 광고 캠페인은 2년이라는 기간에 걸맞게 많은 화제를 불러 일으켰으며, 광고 메시지에 대한 찬반여론도 뜨거웠다. 94년 세계 일류 1기의 광고가 '아무도 2등은 기억하지 않는다'라는 광고카피로 지나치게 경쟁주의를 불러일으킨다는 비난 여론이 제기되자 삼성은 2기와 3기 시리즈에서는 인간미와 도덕성을 강조하게 되었다.

'94년 삼성 PR광고는 '세계 일류 캠페인'의 론칭 광고로서 '세계 일류=삼성'이라는 인식을 확보하고, 국가경쟁력을 강화하는 삼성의 선도 이미지를 구축하는 데 목표를 두었다. 우선 LG, 대우 등의 타 그룹의 선점영역에 개별 대응하기 보다는 상위개념으로 '세계 일류' 이미지를 구축하고자 하였다. 표현은 스토리가 있는 광고로 공감을 유도하였으며 세계 일류가 되어야 하는 당위성을 역사적 사실로 입증하였다. 이 광고는 '일등'이나 '최초'는 역사에 기록되고 후세에 길이 기억되지만 단지 2등이라는 이유로 사람들의 기억 속에서 잊혀진 역사적 인물을 제시하여 '세계 일류'를 우리 시대의 '생존 원리'

1994년 삼성그룹 PR광고, '세계 일류 시리즈'
〈출처〉 광고정보센터

로 표현하였다.

당시 동서리서치 광고효과 조사에 의하면, 94년 10월 광고접촉율과 PR광고 선호도에서 LG, 대우를 앞지르며 10개월 만에 1위 자리를 재탈환하였다. 최초의 달 착륙 기념일에 맞춘 암스트롱 광고, 8·15광복절에 맞춘 손기정 광고 등은 '세계 일류 시리즈'의 광고효과를 배가시켰다. 아울러 '세계 일류 지향 의지'의 그룹광고와 '세계 일류 실천사례'의 계열사 광고가 전략적으로 연계되어 시너지 효과를 높일 수 있었다. (예: 삼성전자의 World Best 광고, 고객 新권리선언, 256MD 광고, 삼성물산의 고객 新서비스 선언 등)

반면 세계 일류 지향의 메세지가 삼성의 1등 지상주의로 오인되어 지나친 경쟁의식을 조장하고 2등을 평가절하 한다는 부정적인 반응도 있었다.

1997년 IMF로 한국사회에 위기가 닥치면서 1998년 1월 집행된 삼

1998년 삼성그룹 PR광고, '박세리편'
〈출처〉광고정보센터

성의 PR광고에서는 '수출'이라는 테마가 다시 등장하였고, '수출 1
위 달성을 위해 최선을 다하겠습니다'라는 삼성의 다짐을 내보냈다.
이는 IMF라는 특수한 상황에서 감정적 소구나 추상적 이미지의 PR
광고만으로는 고객들로부터 기업에 대한 믿음이나 호감을 얻을 수
없었기 때문이었다.

1998년 7월 집행된 '박세리 편'에서는 98년 7월 7일 US 여자오픈
대회에서 박세리가 웅덩이에 빠진 공을 쳐내는 이미지를 실었는데,
박세리가 맨발투혼으로 역전승을 이루어낸 것을 부각시킴으로써
IMF 위기 극복의 메시지를 전달하였다.

이후 1999년의 '밀레니엄 프론티어 시리즈'에서는 삼성을 새로운
'밀레니엄의 개척자'로 상정하였으며, 이때부터 삼성의 기업 PR광고
에서 '디지털과 희망'이 중요한 위치를 차지하기 시작하였다. 삼성의
PR광고는 인간의 행복에 기술의 발전이 필수조건이며 기술의 발전
은 풍요로운 인간사회를 만드는 중요한 요소임을 강조하였다. 2001
년 들어서면서부터 삼성은 스스로를 '디지털 프론티어'라고 부르기
시작하였다.

1999년 삼성그룹 PR광고, '밀레니엄 프론티어'
〈출처〉 광고정보센터

2003년부터 삼성은 이전과는 다른 메시지를 내보내기 시작하였다. '함께가요, 희망으로' 시리즈를 통해 삼성은 각종 사회공헌 활동들을 알리면서 삼성의 사회적 기여에 대한 비전을 제시하였다. 삼성은 이 시기 선거불법자금 제공 의혹이 제기되면서 지금까지 전개한 PR광고에서 보여주었던 리더의 이미지 보다는 국민들과 함께 가는 동반자의 이미지를 구축하려고 하였으며 윤리적이고 도덕적인 이미지를 강조하기 위해 사회공헌 활동을 PR광고 전면에 배치시켰다.

2006년 삼성그룹 PR광고, '함께가요 희망으로'
〈출처〉 광고정보센터

1970년대부터 시작된 삼성의 기업 PR광고는 기업 이미지에 대한 일상적 관리가 어떻게 이루어졌는지 알려준다. 1970~80년대에 삼성은 종합무역상사 지정 제도, 중화학공업 중심의 수출주도정책, 전자산업 육성 등 정부의 경제정책에 부합해 모범적으로 경영활동을 수행하는 기업임을 강조하거나 당시에 중요한 경제적 가치로 합의된 수출, 기술, 첨단 등을 내세워 경제적 리더 기업이라는 브랜드 이미지를 구축하였다.

1990년대에는 삼성의 주력산업이 무역이나 전자 같은 단일 부분에서 전자, 화학, 금융 등으로 다원화되면서 특정 업종을 전면에 내세우는 전략은 그 효용이 감소되었다. 따라서 삼성의 이름을 걸고 있는 계열 산업 전반의 이미지 제고를 위해 한국의 사회·문화적 중심 기업으로서의 브랜드 이미지를 내세웠다.

2003년에 들어서는 삼성이 한국사회를 위해 기여하는 바를 보다 구체적으로 제시하고자 하였다. 경제적 차원의 성공은 널리 알려져 있는 상태에서 삼성은 사회공헌 활동의 내용을 기업 PR 활동의 전면에 부각시켰고 삼성이라는 이름을 브랜드화하는 통합 마케팅 커뮤니케이션 전략을 시행하였다.

바람직한 기업 PR의 기본전략 틀은 단순히 기업 브랜드 이미지를 높이는 차원이 아니라 시대를 반영하는 거울이자 아울러 시대의 트렌드를 이끌어가는 사회의 엔진 역할을 수행할 수 있어야 한다. 다시 말하면, 시대 트렌드를 읽지 못하면 시대를 리드할 수 없고 소비자에게 큰 공감을 주기가 어렵다. 이러한 측면에서 삼성의 기업 PR 전략은 환경변화에 따라 감성적 그리고 이성적인 다각적인 측면에서의 접근과 창조적이고 스토리가 존재하는 표현형식으로 호의적인 브랜

1996년 LG그룹 기업 PR광고
〈출처〉 광고정보센터

드 이미지를 형성해 나아갔다고 할 수 있다.

이와 비교하여 LG의 기업 PR광고를 살펴보면 고객들에게 쉽고 친근하게 다가가려는 의도를 엿볼 수 있다. 럭키금성이 LG로 변화하는 과정에서 '사랑해요 LG'라는 슬로건으로 친구와 가족 같은 이미지

1996년 LG그룹 기업 PR광고
〈출처〉 광고정보센터

1997년, 1999년 LG그룹 기업 PR광고
〈출처〉 광고정보센터

로 포지셔닝하여 인지와 친근감을 높이고자 한 것으로 분석된다.

1998년 삼성이 박세리 편 PR광고를 통해 위기 극복에 대한 투지 등을 전달하였다면, LG의 경우 하루라도 빨리 웃음을 되찾자는 메시지로 좀 더 따뜻하고 친근하게 위기 극복의 의지를 전달하였다.

그리고 1990년대 후반 삼성이 밀레니엄 프런티어를 강조하던 시절 LG 역시 이와 비슷하게 디지털 기술을 강조하는 기업 PR을 진행하였는데 삼성이 디지털 분야의 1등 기업, 선도 기업으로 브랜드 커뮤니케이션을 진행했던 것에 비해 LG는 항상 우리 곁에 가까이 있는 기술, 꿈을 이루어 주는 기술 등으로 좀 더 따뜻하고 친근하게 브랜드 커뮤니케이션을 진행하였다.

일관성 있는 PR광고 캠페인

광고의 일관성이 유지되고 있을 때 광고 캠페인이라고 한다. 광고 시리즈의 일관성은 제품에 대한 믿음의 형성, 브랜드 개성 및 브랜드 태도에 영향을 미치기 때문에 광고 캠페인의 효과를 유도하기 위해서는 필수적인 것이다.

세계적인 브랜드 석학인 아커(Aaker) 교수는 브랜드 개성 전략을 수행함에 있어 광고 일관성과 여러 가지 커뮤니케이션 요소의 통합적 접근의 중요성을 강조한 바 있다. 즉 특정 브랜드가 나름대로 독특한 개성을 갖기 위해서는 특정 시점에서 여러 가지 커뮤니케이션 요소의 핵심 컨셉과 조화를 이루어야 하고 특정 커뮤니케이션의 메시지는 일정 기간 일관성 있게 지속되어야 한다는 것이다. 소비자가 특정 광고에 반복 노출되었을 때 브랜드 개성의 여러 가지 차원 중 광고의 컨셉과 관련성이 높은 차원의 강도가 강해져 브랜드 개성의 특정 차원을 강화시킨다.

또한 광고 시리즈가 일관성을 갖추었을 경우 브랜드의 전문성과 세련성에 대한 인식이 더 강화된다는 연구 결과가 있으며, 마찬가지로 광고 시리즈가 일관성을 갖추었을 경우 브랜드의 태도가 더 호의적이었고 브랜드에 대한 구매의도가 더 높다는 연구 결과도 있다.

브랜드 전문가 알 리스(Al Ries)는 브랜드를 바꾸는 것이야말로 정말 어리석은 일이라고 주장한다. 소비자들의 기억 속에 일단 확고하게 자리잡은 특성들을 바꿔서는 안 된다는 것이다. 이러한 측면에서 브랜딩의 요체는 브랜드의 일관성을 유지하는 것이라 할 수 있다.

이러한 일관성의 법칙을 지키면서 10년 이상 지속되고 있는 성공적인 기업 PR 캠페인이 '또 하나의 가족, 삼성전자' 기업 PR이다.

보통 기업 PR의 기본 전략은 소비자가 일상생활 속에서 쉽게 접할 수 있는 소재를 활용하거나 뜻밖의 감동을 주는 것이다. 그리고 시청자가 광고와 동일시되는 느낌을 갖게 하는 것이 중요하다. 이러한 측면에서 삼성전자의 기업 PR광고는 불뽑기, 이뽑기, 월드컵, 동물원 그리고 자전거 배우기에 이르기 까지 수많은 일상 속의 다양하고 친근한 주제로 PR광고를 진행하였다.

또한 돋보이는 점은 시즌 이슈와 함께 해당 시기의 주력 제품을 광고에 삽입하여 제품 비즈니스를 지원하는 형식으로 진행하였다는 것이다. 예를 들면 2006년 진행되었던 '자전거 편' 의 경우 누구나 자전거를 처음 배울 때의 겪게 되는 경험을 소재로 활용하였다. 광고는 자전거 타는 것을 두려워하는 동생과 동생을 걱정하며 함께 달리는 형을 통해 형제간의 우애를 보여주고 있다. 그런데 동생 목에는 삼성의 MP3 플레이어가 걸려 있고 티셔츠에는 Yepp이라는 브랜드가 새겨져 있으며 동생과 함께 달리는 형의 티셔츠엔 PAVV가 새겨져 있다. 광고는 '세상에서 가장 따뜻한 힘, 또 하나의 가족' 이라는 문구로 마무리된다.

기업들간 기술력, 제품력이 비슷해짐에 따라 브랜드에 대한 이미지와 선호도가 갈수록 중요해지고 있다. 이런 상황에서 삼성은 기존의 유능하지만 인간미가 없는 부정적 이미지에서 벗어날 필요가 있었다. '또 하나의 가족' 캠페인은 그러한 노력 중 하나이다. 광고 캠페인은 삼성을 오래된 친구나 이웃처럼 늘 가까이 있는, 정이 느껴지는 기업으로 포지셔닝하는 것을 목표로 했다. 이를 위해 '가족 같은 기업', '가족에게 늘 행복을 가져다주는 기업' 을 커뮤니케이션 컨셉으로 삼았다.

'또 하나의 가족' 캠페인은 핵심 아이덴티티의 일관성을 유지함으로써 누적효과를 발휘하였고, 고객들의 PR광고에 대한 거부감을 최

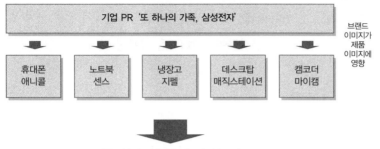

삼성전자

기업 PR '또 하나의 가족, 삼성전자'

브랜드
이미지가
제품
이미지에
영향

| 휴대폰 애니콜 | 노트북 센스 | 냉장고 지펠 | 데스크탑 매직스테이션 | 캠코더 마이캠 |

시즌 이슈와 전체적인 비즈니스를 고려,
해당 시기의 주력제품을 광고에 삽입하여 제품 비즈니스 지원
국내 기업광고에서 가장 대표적인 성공캠페인으로 평가

삼성전자 기업 PR, '또 하나의 가족'
〈출처〉 산업정책연구원 심화 브랜드전문가 과정(2005) 강의자료

소화하고 공감을 획득하는 데 성공했다. 그리고 빅 모델을 배제하여 리얼리티를 잘 표현하였다고 평가되고 있다.

이와 비슷한 사례로 국내 기업 PR 중 또 하나의 성공적인 사례는 포스코 PR이다. '소리없이 세상을 움직입니다' 라는 슬로건과 함께 철로 만들 수 있는 자전거, 첼로, 의료봉사, 축구공 등 생활 속의 물건들을 보여주면서 업(業)의 본질인 '철' 의 유용성과 중요성을 감성적으로 소구한 캠페인으로, 이를 통해 포스코는 과거 '포항제철' 의 관료적·남성적인 이미지, 저조한 인지도·선호도에서 탈피하여 미래 지향적·친근·인간적인 기업으로 변신하는 데 성공하였다.

포스코의 경우는 민영화에 따른 기업 브랜드 이미지 변화와 산업 자체의 존재감과 중요성을 부각해야 하는 상황에서 필요하고 유망한 산업으로 소비자에게 인식시키는 것이 필요하였다. 따라서 알게 모르게 삶의 가치를 향상시켜주는 따뜻한 기업으로 브랜드를 포지셔닝하고자 하였고, 커뮤니케이션 컨셉을 '조용하고 묵묵히 우리 삶에 도움을 주는 기업'으로 설정하여 기업 PR을 일관성 있게 진행하였다.

입체적인 MPR

기업의 PR에는 경제적 위기상황을 타개하기 위해 혹은 긍정적이었던 기업 브랜드 이미지에 위해를 가하는 사건이 발생하였을 때 손상된 이미지를 회복시키기 위해 진행하는 기능적 PR과 특정한 기업 이미지를 형성하기 위한 PR이 있으며 최근에는 MPR(Marketing PR)이라는 개념도 등장하였다.

MPR이 공중의 이해와 승인을 구하고 궁극적으로 공중의 태도를 형성시키는 PR 고유 영역에 속하는 것인지 아니면 제품, 서비스 및 기업 브랜드를 촉진시키는 브랜드커뮤니케이션의 영역인지에 대한 논란은 있으나 실제 실무에서 수행되는 내용들을 보면 PR 영역과 마케팅 영역을 모두 혼합한 형태의 새로운 활동들을 대다수 포함하고 있다.[3] 마케팅, CPR(Corporate PR), 그리고 MPR(Marketing PR)은 이제 더 이상 그 경계가 명확하지 않으며 각자의 고유 영역을 넘어서고 있다.

MPR이라는 이름을 사용하지는 않았지만 많은 브랜드 매니저들은 이미 소비자 커뮤니케이션에서 광고 외의 다양한 전략적 도구들을 사용하고 있으며 실제로 PR은 이미 SP(Sales Promotion)와 함께 마케팅의 중요한 촉진수단(Promotional Mix) 중 하나가 된지 오래다. IMC(Intergrated Marketing Communication)가 마케팅 커뮤니케이션

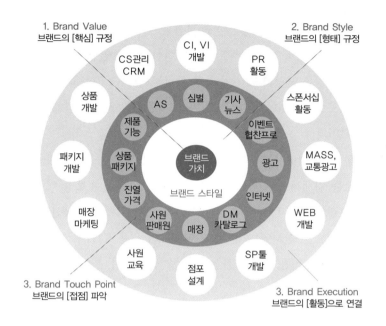

1. Brand Value
브랜드의 [핵심] 규정

2. Brand Style
브랜드의 [형태] 규정

CS관리
CRM

CI, VI
개발

PR
활동

상품
개발

AS

심벌

기사
뉴스

스폰서십
활동

제품
기능

이벤트
협찬프로

패키지
개발

상품
패키지

브랜드
가치

광고

MASS,
교통광고

진열
가격

브랜드 스타일

인터넷

매장
마케팅

사원
판매원

매장

DM
카탈로그

WEB
개발

사원
교육

점포
설계

SP툴
개발

3. Brand Touch Point
브랜드의 [접점] 파악

3. Brand Execution
브랜드의 [활동]으로 연결

MPR의 다양한 수단
〈출처〉 산업정책연구원 브랜드포럼(2006) 발표자료

을 위한 전략적 사고라면, 마케팅 PR인 MPR은 IMC라는 전략적 사고를 위한 전술적 수단이라 할 수 있다.[4] MPR을 실행하는 방법들은 다양하다. 광고가 기본적으로 4대 매체에 국한되어 있는 것에 반해 MPR은 수 십가지, 수 백가지의 다양한 전술이 가능하며 이들을 조합해서 새로운 전술을 만들어낼 수도 있다.

삼성 애니콜 '매트릭스II 리로리드'는 복합적인 툴을 활용한 MPR 사례이다. '매트릭스II 리로리드'는 1억 3,000만 달러를 들인 초유의 대작인데다 전편의 주요 배우가 거의 그대로 출연하는 상황이기 때문에 소비자의 연상을 쉽게 활용할 수 있는 작품이었다. 따라서 첨단 제품을 마케팅하는 데 있어 아주 적절한 소재였으며, 게다가 이동통신 단말기는 영화 속에서 매트릭스와 현실세계를 연결하는 매개체로 주요한 역할을 담당하고 있었다. 이에 삼성전자는 영화를 통해 브랜드 인지도를 높이고 사이버 느낌과 디지털 느낌을 선명하게 전달하고자 하였다.

이를 위해 방송 광고, 온라인 이벤트 등과 방향을 함께 하는 체험 이벤트를 입체적으로 구성하였고 일반 프로모션과 홍보형 이벤트를 함께 포함하였다. 또한 영화 제작사와의 협업 외에 이동통신 사업자와의 협업도 추진하였는데, 극장 이벤트의 경우 KTF와 공동명의로 초청함으로써 비용 대비 효율을 올릴 수 있었으며, 특히 애니콜 단말기 판매에 직접적인 영향력을 미쳤다.

애니콜 매트릭스 MPR를 체험형 이벤트 중심으로 살펴보면 크게 5개 부분으로 나눌 수 있다.[5]

삼성전자 매트릭스 애니콜 프로모션 개요

구 분	장 소	개 요
시사회	서울	임직원 및 딜러용, 소비자 및 O/L용으로 이원화 2개관 동시 진행(총 500명 수준)
'5.23 리터 쏜다'	서울 5개소	서울지역 주요 주유소 5개소에서 개봉일을 기념하기 위한 경품 제공 프로모션
매트릭스 페스티벌	서울, 부산 등 4대 도시	약 1만 2000명 구입 고객 및 기타 고객영화 초청 이동통신 사업자 제휴(KTF)
경품 프로모션	-	영화 로케이션 여행, 튜카티 오토바이, 엔터더 메트릭스 게임세트 등 경품제공, 온라인 연계
홍보 프로그램	-	옥외광고 물량강화 및 대리점 제작물 강화 사전 퍼블리시티 활동

〈출처〉 전용선(2003), 영화 속에서 다시 만나는 거인 브랜드, Cheil Communications

시사회

시사회의 경우 규모 자체만으로도 화제가 될 수 있는 내용으로 기획했다. 그러나 워너사의 가이드라인에서 이미 '1회 한정, 500명 상한선'이라는 규정이 있었고 SF 영화의 특성상 오디오 효과가 중요하기 때문에 이를 감안하여 2개 장소에서만 진행되었다. 치밀하게 RSVP을 진행하여 적절한 객석 점유율을 계산했으나 막상 현장에는 100%가 다소 넘는 관객이 몰려 영화의 파워를 눈으로 확인할 수 있는 시사회였다.

주유소 프로모션

'5.23리터 쏜다!' 주유소 프로모션은 말 그대로 주유소에서 연료를 무료로 주유해 주는 행사로 숫자 상징을 이용한 마케팅 활동이다. 영화 개봉일인 5월 23일을 홍보하여 영화 후원사로서의 이미지를 획득하고 인쇄 매체에 2차 노출을 하여 구전 광고 효과를 창출하였다. 결과적으로 서울지역 매출 상위 5개 주유소에서 진행된 이 프로모션을 통하여 삼성 애니콜은 세계적인 영화의 동반자라는 긍정적인 이미지를 얻을 수 있었다. 또한 직접 주유 서비스를 받지 못한 사람들의 경우에도 5월 23일과 매트릭스, 애니콜의 관계 등에 대한 그들의 호기심을 충분히 끌어낼 수 있었으며 삼성전자 홍보 부문에서 직접 집행했던 퍼블리시티 활동도 효율적인 노출을 유도했다.

매트릭스 영화 초청 프로그램

매트릭스 페스티벌은 이동통신 사업자와 공동 프로모션으로 진행하였으며 애니콜로 KTF에 가입하는 고객은 모두 입장권을 받도록 하였다. 그리고 추첨을 통하여 매트릭스 촬영 현장 여행, 듀카티 오토바이, 엔터 더 매트릭스 게임 CD 등을 선물로 주는 과정으로 진행하였다.

이 외에도 옥외 광고를 강화하고 신규 매체를 활용하였으며, 대리점 제작물 리뉴얼을 통해 매트릭스 분위기를 만들었다. 완성도 높은 매트릭스 편 TV-CM도 전체적인 프로모션과 일관된 분위기를 만들었으며, 기타 브랜드(컴퓨터, 프린터)에서도 유사한 마케팅을 전개하여 많은 사람들이 삼성과 매트릭스를 쉽게 연상할 수 있게 만들었다. 한마디로 애니콜 매트릭스 프로모션은 여러 이질적인 요소를 빚어 만든 패키지 프로모션이라고 할 수 있다.

애니콜 매트릭스 MPR은 단순히 영화에 브랜드를 노출시키는 것에서 더 나아가 MPR의 입체적인 과정을 통해 브랜드를 강화시킨 중요한 사례이다. 즉, 그것은 영화를 통해 상품을 마케팅하는 PPL이 노출 위주에서 입체적인 조합체로 발전하는 과정을 보여주었다. 그리고 매스미디어 광고에서 물품 조달, 프로모션 장소 확보에 이르기까지 다른 업체와 협업 형태로 추진한 것도 성과라고 할 수 있다.

삼성전자가 영화 시나리오 개발 단계부터 주도적으로 참여했고, 해당 제품을 실제로 시장에 출시해 수익을 창출하는 것을 목표로 했다는 점도 큰 의미가 있다. 또한 국내 브랜드가 세계적인 블록버스터에서 중점적인 역할을 담당하며 등장했다는 점에서 국내 브랜드의 세계화에 기여한 것으로 평가할 수 있다.

한계점으로는 제품이 비교적 클로즈업 샷으로 노출되었던 애니 매트릭스에 비해, 본 영화에서는 제품이나 기업 로고가 눈에 잘 띄지 않아 아쉽다는 평가가 많았다. 또한 제품 측면에서 국내 출시 시점이

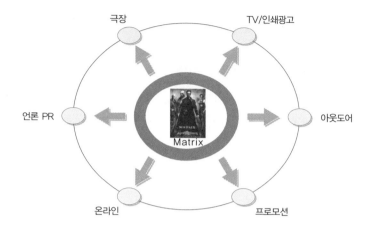

Matrix II와 함께한 MPR

〈출처〉 산업정책연구원 브랜드포럼(2006) 발표자료

영화 상영 및 프로모션 시점과 일치하지 않아 프로모션의 기본적인 성격을 규정하기 어려운 점이 있었다.

깐느가 주목했던 성공사례 애니모션 역시 다양한 MPR의 전술적인 수단을 보여주고 있다. 삼성이 매체 광고뿐만 아니라 뮤직프로듀서와 안무가까지 고용하여 노래와 뮤직비디오를 만들었고 웹사이트에서는 컴퓨터 그래픽을 통해 이효리의 애니모션 댄스를 가르쳐 주었다. 그 결과 '애니모션'은 한국에서 가요차트 정상에 올랐고 다운로드도 160만 회를 기록하였다.

이는 브랜드 커뮤니케이션 과제에 대해 어떻게 광고로 해결할 것인가라는 차원을 넘어 브랜드와 고객이 접하는 어느 영역에서라도 커뮤니케이션 방안이 나올 수 있다는 MPR의 새로운 접근방식을 보여주는 사례라 할 수 있다.

대부분의 고객들은 기업이 훌륭하고 신뢰할 만한 기업이라는 믿음을 갖고 있으면 그 기업의 브랜드에 대해 구체적인 판단 과정을 거치지 않고도 좋은 평가를 내린다. 어떻게 좋은지 따져보거나 평가하지 않고 그 브랜드가 좋을 것이라는 믿음을 갖게 되는 것이다. 브랜드 커뮤니케이션에 있어서 기업 PR 활동이 중요한 이유가 바로 여기에 있

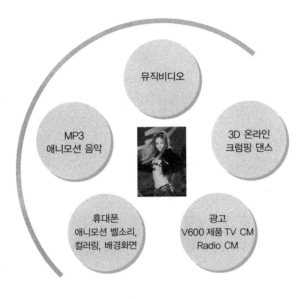

애니모션 MPR 사례

〈출처〉 산업정책연구원 브랜드포럼(2006) 발표자료

다. 삼성이 PR 활동으로 자사에 대한 긍정적인 연상을 만들면 삼성의 모든 계열사 브랜드와 제품 및 서비스 브랜드에게까지 이러한 연상이 이어지기 때문이다. 따라서 오늘날 삼성이 강력한 브랜드로 자리잡게 된 데에는 기업 차원의 PR 전략이 큰 몫을 했다고 할 수 있다.

문화예술 및 스포츠 활동을 통한 브랜드 관리

브랜드 이미지 개발

브랜드가 경쟁력을 갖기 위해서는 브랜드 자산의 주요 요소인 브랜드 이미지를 관리하여 고객들의 마음속에 좋은 이미지로 자리잡도록 해야 한다. 이를 위해서 기업은 세계시장의 문화와 가치의 흐름을 파악하고 이를 반영하는 브랜드 커뮤니케이션 활동을 통해 시장에서 수용될 수 있는 상징적인 브랜드 이미지를 형성하는 것이 필요하다.

광고나 촉진활동 이상으로 문화예술 활동은 고급스럽고 차별적인 브랜드 이미지를 형성하는 데 기여할 수 있다. 최근 기업의 문화 마케팅은 상당히 적극적으로 이루어지고 있다. 문화재단 설립이나 문화행사 후원, 소비자 대상의 문화행사 주최 등 문화가 기업과 소비자 간 커뮤니케이션에 있어 중요한 역할을 담당하게 된 것이다.

문화 마케팅의 필요성을 일찍이 인식한 삼성은 국내·외에서 다양한 문화예술 지원활동을 펼치고 있다. 용인 에버랜드 근처에 도자기·전통공예·민속품을 주요 소재로 전통정원을 재현해 놓은 호암미술관을 설립했고, 로댕의 걸작품인 '지옥의 문'을 상설 전시하는 로댕갤러리와 국내 최초의 체험식 어린이 박물관인 '삼성 어린이 박물관'도 운영하고 있다. 또한 2004년 10월에는 서울 한남동에 삼성미술관 리움(Leeum)을 열었는데, 한국의 국보급 전통 미술과 근·현대 미술, 국제 미술을 대표하는 작품을 한 자리에서 감상할 수 있는 세계적 미술관으로 평가 받고 있다. 이렇게 삼성은 지속적으로 문화예

구 분	활동내용
삼성문화재단	삼성문화재단은 1996년 설립이래, 미술관 운영을 비롯한 다양한 문화사업을 진행함.
호암미술관	1992년에 개관한 한국 최대의 사립미술관으로 우리 전통 문화의 보존, 계승사업을 진행함.
삼성미술관	국내외 근대현대미술의 수집과 보존, 연구, 전시 및 사회 교육을 담당하는 미술관으로 피카소 걸작전, 백남준의 세계 등을 개최함.
삼성어린이박물관	1995년 국내 최초로 문을 연 어린이를 위한 체험식 박물관으로 가족들이 함께 즐길 수 있는 다양한 교육 프로그램을 진행함.
로댕갤러리	1999년 개관, 프랑스가 낳은 최고의 조각가 오퀴스트 로댕의 지옥의 문, 깔레의 시민 상설전시와 목요음악회 등을 개최

〈출처〉 삼성월드(2002)

술활동을 지원함으로써 고객들은 삼성의 브랜드 이미지를 문화 활동의 이미지와 연결하여 생각하게 되었고 호감이 가고 신뢰감 있는 이미지로 삼성 브랜드를 기억하게 되었다.

대부분의 다국적 기업은 세계시장에서 수용할 수 있는 이미지를 구축하기 위해 '문화'라는 매개체를 활용한다. 삼성 역시 유럽과 아시아 지역 등에서 현지 문화활동을 후원함으로써 문화를 통한 브랜드 이미지 구축에 힘을 쏟고 있다.

러시아에서 삼성은 톨스토이 문학상, 볼쇼이 극장, 에르미타주 박물관 등을 후원하면서 문화에 대한 지속적인 관심을 기울여 오고 있다. 특히 발레공연 '백조의 호수'로 유명한 러시아의 볼쇼이 극장에는 1993년 이후부터 10여년 동안 약 200만 달러를 들여 재정 및 기술을 지원하였다. 매년 70만명 이상의 관객이 방문하는 극장 건물을 재보수하였을 뿐 아니라 컴퓨터 모니터, 캠코더, VCR, 전자레인지 등

전자제품을 제공하였다. 이러한 볼쇼이 극장에 대한 후원은 극장 운영에 필요한 제품들과 재정을 뒷받침하는 형태로 삼성 제품의 브랜드 인지도를 높이고 삼성을 예술을 사랑하는 기업으로 인식시키는 데 크게 기여하였다.

삼성은 단순히 예술활동을 후원하는 방법뿐만 아니라 문화 및 예술과 관련 깊은 장소에서 광고나 홍보활동을 하여 문화적인 이미지와 삼성의 이미지가 연계되도록 노력하고 있다. 삼성전자는 문화·예술의 중심지인 프랑스 파리의 베르사유 궁전이나 루브르 박물관과 같은 관광 명소에서 PDP 신제품 발표회 및 제품 로드쇼를 잇달아 개최하였으며, 루브르 박물관의 한국어 팜플렛 역시 삼성의 지원 하에 배포하여 삼성이 문화 기업이라는 이미지를 전달하고 있다.

독일에서도 문화재 복원작업이 한창인 독일 베를린 시내의 프랑크푸르트 돔 성당 주위를 삼성전자 초대형 광고판으로 뒤덮어 제품 광고는 물론 독일 역사와 문화에 기여하는 브랜드라는 인식을 심어주었고, 그 결과 삼성은 독일에서 최고 프리미엄 브랜드로 자리잡게 되었다. 유럽 현지 시장조사기관의 분석 결과가 이를 입증하는데, 2005년 8~9월 중 한국산 LCD TV의 유럽시장 점유율은 21.4%로 일본(소니·샤프 17.5%)과 유럽의 필립스(14.6%)를 가뿐히 제쳤고 PDP TV 시장에서도 20.5%의 점유율로 필립스(15%)를 제치고 일본(파나소닉·소니 25.1%)을 바짝 추격하였다.

대만, 중국 등 아시아 지역에서도 삼성의 문화 마케팅은 진행되고 있다. 개관 80주년을 맞이하는 대만국립 고궁박물관은 런던의 대영박물관, 파리의 루브르박물관, 뉴욕의 메크로폴리탄 박물관과 함께 세계 4대 박물관 중 하나로 손꼽히는 명소로 62만점의 문화유산을 소장하고 있는 곳이다. 삼성전자는 대만국립 고궁박물관에 대한 후원을 통해 박물관 공식 기념 행사나 안내서 등에 3년간 삼성 로고를 넣기로 했고 이와 연계하여 삼성의 브랜드 이미지를 만들어나가고 있다.

이와 같이 문화 활동을 후원하거나 문화적이고 예술적인 장소를 활용해 브랜드 이미지를 관리하려는 노력은 국내 다국적 기업의 사례에서도 볼 수 있다. 르노삼성 자동차는 문화예술계를 후원함으로써 토착기업이라는 인식을 심어주기 위해 노력하고 있다. 르노삼성은 2001년 한 해 동안 스폰서십 형태로 국립극장 토요문화 광장을 비롯하여 용산 가족공원에서 열린 로젠스 제프리스 조각전, 파리나무 십자가 내한공연, 프랑스와 관련된 공연 및 전시에 후원하였다. 이 과정에서 프랑스계 기업으로서의 기업의 정체성을 확립하는 동시에 프랑스가 문화와 예술의 나라라는 인식을 활용하여 경쟁사 브랜드와 차별화된 이미지를 구축하였다.

브랜드 이미지 관리를 위한 문화예술 활동은 제품 브랜드 측면에서도 활용되고 있다. 삼성전자는 프리미엄 냉장고 지펠을 출시하면서 브랜드 이미지의 고급화를 위해 지펠 음악회, 지펠 콘서트 등을 개최하였으며, PDP TV '파브'의 이름을 딴 '파브 음악회' 역시 지속적으로 개최하였다. 이는 제품 브랜드를 음악회의 고급스러운 이미지와 연계시킨 사례라고 할 수 있다.

삼성물산 역시 자사 아파트 브랜드인 래미안을 명품 아파트로 끌어올리기 위한 문화 마케팅을 실행하였다. 고객과의 중요한 접점인 모델하우스를 주택문화관으로 탈바꿈시켜 주부 인터넷 교실이나 노래교실 같은 다양한 문화 프로그램을 운영하였으며, 입주 고객들을 위해서는 2001년부터 '래미안 페스티벌'이라는 정기적인 음악회를 열었다. 유명 음악인들이나 대중가수들이 출연하는 이 음악회는 입주자들로 하여금 래미안에 대한 친근감과 자부심을 갖게 만들었다.

삼성의 문화 활동은 고객들에게 보다 친근한 기업 이미지를 심어주어 고객 충성도를 높여주고 잠재 고객을 흡입하는 효과를 거두고 있다. 또한 삼성 브랜드에 대한 애착과 신뢰를 갖게 하는 중요한 역할을 하고 있다.

올림픽 마케팅

1984년 LA 올림픽을 통해 세계 유수의 기업들이 스포츠 마케팅에 주목하기 시작하였다. 우리나라의 경우 1988년 서울 올림픽 이후 스포츠 마케팅에 대한 관심이 점차 높아지기 시작했으며 삼성 역시 서울올림픽에서 로컬 스폰서로 활동했다. 스포츠 마케팅이 질적인 면과 양적인 면 모두에서 두드러진 성장세를 보인 것은 2002년 한일 월드컵 때였으며, 월드컵 이전에도 삼성은 1998년 미국 LPGA US 여자 오픈에서 박세리 선수를 후원함으로써 엄청난 광고효과를 거두었다.

1995년 삼성은 유성여고에 재학중이던 박세리와 10년 동안 계약금 8억원에 연봉 1억원의 계약을 체결했다. 당시 여고생 신분으로서는 파격적인 금액이었지만, 골프 유망주 박세리의 가능성을 보고 과감히 투자한 것이었다. 이후 1998년 박세리가 메이저 대회인 US여자오픈을 포함 4승을 기록하며 신인왕까지 거머쥐자 스포츠 마케팅 관계자들은 '역시 삼성이 하면 다르다'며 탄성을 올렸다.

당시 박세리의 US여자오픈 우승을 계기로 스폰서인 삼성이 얻은 홍보 및 광고 가치는 무려 1억 7천만 달러에 이른다고 삼성경제연구소는 추정하였다. 브랜드 인지도 향상과 구매연결효과, 그리고 광고효과까지 모두 계산한 금액이다. 10억 투자에 2,000억 효과를 봤으니 엄청난 이득이라 할 수 있다. 이렇게 스포츠 활동은 브랜드를 알리고 경험하게 하는 데 광고 이상의 효과가 있으며 브랜드에 대한 고객들의 체험이 중요하다는 것을 감안하면 브랜드 가치를 관리하고 상승시키는 효과적인 수단이 아닐 수 없다.

특히 올림픽 마케팅은 단기간에 글로벌 브랜드의 위상을 확보할 수 있도록 한다. 일례로 1984년 LA 올림픽의 공식 스폰서였던 일본 브랜더공업은 올림픽 이후 브랜드 인지도를 60%이상 끌어올렸으며, 매출액 또한 16% 증가시키는 성과를 얻어냈다. 뿐만 아니라 재봉틀 회사라는 기존의 이미지를 첨단 정보기 회사로 바꿀 수 있었다. 이는 올림픽에 대해 사람들이 갖고 있는 신뢰감과 친밀함 그리고 역동적인 스포츠 정신이라는 긍정적인 이미지가 그대로 기업에 반영되었기 때문이다.

올림픽의 중요성을 인식한 삼성은 올림픽이 열리는 시기마다 그룹 차원에서 총력을 기울였다. 서울올림픽 로컬 스폰서를 시작으로 1998년 나가노 동계올림픽에는 무선통신기기 부분의 후원사로 참여하였으며 2000년 시드니올림픽, 2002년 솔트레이크 동계올림픽, 2004년 아테네올림픽, 2006년 토리노 동계올림픽에서 월드와이드 파트너로 참여하였다. 올림픽에는 월드와이드 파트너, 로컬 파트너, 라이센스 계약 등 다양한 형태의 스폰서십이 있다. 그 중 월드와이드 파트너가 되려면 일정기준을 통과하여야 하고, 자격요건이 까다로워서 일류기업이 아니면 참여하기 어렵다. 삼성은 지속적으로 월드와

이드 파트너로 참여함으로써 세계 일류기업의 반열에 올라서고자 하였다.

삼성은 올림픽 스폰서십을 통해 월드 브랜드로서의 이미지를 강화하였다. 브랜드 컨설팅 그룹 인터브랜드와 미 경제주간지 〈비즈니스위크〉가 발표한 2004년 세계 100대 브랜드 가치평가 결과를 살펴보면 삼성의 브랜드 가치는 나가노 올림픽 참여 후 불과 32억 불에 불과했지만 아테네 올림픽 직후에는 125억 달러, 토리노 올림픽을 앞둔 2005년도에는 149억 달러로 세계 20위권에 진입했다. 이는 올림픽이 삼성의 브랜드 가치를 상승시키는 데 중요한 역할을 했다는 것을 보여주었다. 삼성은 또한 올림픽 조직위원회에 첨단 이동통신망을 제공함으로써 무선통신 부문의 선도자라는 브랜드 이미지를 구축하였다.[6]

스포츠 이벤트를 신기술과 신제품을 선보이는 기회로 활용

올림픽 및 스포츠 활동의 후원은 새로운 기술이나 제품의 뉴스 가치를 증대시켜 언론을 통해 그것들을 더 재미있고 생생하게 선보일수 있게 한다. 2000년 삼성전자가 시드니올림픽에서 펼친 스포츠 마케팅은 참가 선수, 관람객, 조직위, 언론 등으로부터 크게 주목을 받으며 성공적인 평가를 받은 바 있다. 제27회 시드니올림픽의 무선통신 분야 월드와이드 파트너사였던 삼성전자는 파트너십을 통한 성공적인 스포츠 마케팅으로 글로벌 기업의 이미지를 확보하는 것 외에도 디지털 제품, 정보통신 제품, 반도체 사업 등 첨단기술 분야에서제품력을 인정받게 되어 세계 3대 전자업체로 성장하는 발판을 마련하였다.

삼성전자는 시드니올림픽에서 휴대폰 등 총 2만 5천대의 통신 제품을 공급하면서 대회 진행에 필수적인 통신문제를 완벽히 해결하였으며 첨단 기술 올림픽으로 성공적으로 끝날 수 있도록 지원했다. 따라서 앞으로 열리게 될 올림픽 대회, 각종 국제대회에도 삼성은 첨단 통신 제품을 공급할 수 있는 유리한 고지를 확보하게 되었다.

특히 메인 스타디움이 있는 올림픽 파크에 '올림픽 랑데부 삼성'이라는 홍보관을 만들어 올림픽 경기를 관전하러 오는 세계 각국의 관광객들을 대상으로 첨단 제품을 직접 만져 보고 사용해 보게 하는 체험 마케팅을 펼쳤고, 100만 여명 이상이 그곳을 방문하였다. 호주 제1의 관광 명소로 일컬어지는 록스 지역에서는 TV폰, 인터넷폰, MP3폰 등의 휴대폰과 디지털 TV, TFT-LCD 등 첨단 디지털 제품을 전시하는 디지털 샵을 운영함으로써 첨단 기업으로의 제품력을 눈으로 볼 수 있게 하였다.

〈뉴욕 타임즈〉는 올림픽 경기장과 선수촌 곳곳에서 울리는 삼성의 이동 전화기가 올림픽을 최초의 무선올림픽으로 만들었다고 보도했으며, 〈아시아 월스트리트 저널〉은 올림픽을 계기로 삼성이 저가 전자제품을 만드는 업체에서 디지털 시대의 리더로 이미지 변신에 성공하고 있다고 극찬하였다. 이처럼 시드니올림픽을 통해 삼성은 무선통신 분야를 비롯해 반도체, 디지털 미디어 제품 등 차세대 핵심 사업에서 세계 시장을 선도해 나가는 글로벌 기업으로서의 위상을 확고히 하였다.

2004 아테네올림픽에서는 특별히 유동 인구가 가장 많은 아테네 베니젤로스 공항 1,000여 개의 푸쉬 카트와 공항 내에 최신 슬라이드

카메라폰의 대형 조형물(높이 1.8m)을 설치하여 홍보활동을 펼쳤다. 맥도날드, 코카콜라 등 미국 기업들이 테러의 위협으로 소극적인 마케팅을 펼친 것과는 비교되는 것으로, 올림픽 기간 중 공항을 출입한 전 세계인과 그리스인들에게 삼성의 신제품과 신기술을 알리는 계기를 마련하였다.

메인 경기장 출입구에 설치한 270평 규모의 삼성 홍보관에는 올림픽 기간 동안 총 77만 명의 선수와 선수가족, 관람객 등이 다녀간 것으로 집계됐다. 특히 케르하트 하이베르크 IOC 마케팅위원장, 장샤오위 베이징 올림픽 조직위 부위원장, 도라 바코야니 아테네 시장, 나디아 코마네치, 쟈넷 에반스 등 9,000여 명의 VIP들이 삼성홍보관을 찾아 깊은 관심을 보였다. 또한 시내 곳곳마다 광고탑과 홍보물을 설치했고, 아울러 홍보효과가 극대화 되도록 NBC, CNN 등 주요 매체를 통해 광고캠페인을 실시하였다.

특히 삼성이 휴대폰을 주력 홍보제품으로 선정한 것은 브랜드 인지도 효과를 배가할 수 있는 절묘한 전략이었다. 최고 경영층의 마케팅 지원 활동도 활발히 이루어져 이건희 회장은 현지에서 사장단 회의를 주재했고, 사장단은 거래처 최고 경영자를 초청해 경기를 함께 관람하는 등 CEO 친교마케팅을 벌였다. 또한 올림픽에 참가하는 선수들이 가족, 친구들과 함께 어울릴 수 있는 만남의 장인 '올림픽 선수관'을 설치하여 1만명의 등록 선수 중 8천명 이상의 선수가 방문했으며, 이에 따라 세계 각국의 방송, 신문 매체에서도 자연스럽게 취재가 이뤄져 삼성의 통신 분야의 우수 제품과 기술력을 보여 줄 수 있었다.

삼성전자는 2006 토리노 동계올림픽에서도 글로벌 기업의 위상을 확실히 한다는 목표를 가지고 전략적인 홍보활동을 전개했다. 무선통신 분야의 공식 후원사로 참가한 삼성전자는 '휴대전화 시장 1위 등극의 기회로 삼자'는 모토 하에 총 2억 달러를 투자하여 대대적인 홍보활동을 벌였다. 올림픽에 앞서 2005년 12월 8일 로마에서 시작된 올림픽 성화 봉송 행사의 파트너로 참여해 1,000여 명의 주자들을 참여시켰고 TV 보도 등을 통해 삼성의 브랜드를 전 세계에 알렸다.

삼성은 올림픽 기간 중 토리노 시가 마련한 솔페리노 광장의 스폰서 빌리지에 삼성 홍보관을 설치했다. 40만 명의 관람객이 다녀간 홍보관에서는 사회공헌 차원의 다양한 PR 프로그램이 진행되었다. 선수들이 사인해 기증한 셔츠, 운동화, 운동기구 등을 경매하여 국제 자선기관인 RTP(Right to Play)를 통해 기아를 도왔고, 지역 어린이를 초청해 올림픽에 대해 이야기를 나누는 '함께 배우기(School Learning)' 프로그램도 진행하였다. 또 장애자 올림픽에 스폰서로 참여하면서 올림픽 운동에 더 가깝게 다가갈 수 있는 기회도 마련했다.

홍보관에서는 와이브로 기술을 제공하는 사업제휴 기자회견이 이기태 사장과 이탈리아 사업자가 참석한 가운데 열리기도 했고, 와이브로 버스를 활용해 달리는 차안에서 무선을 통해 화상통화 및 인터넷 기술을 시연해보기도 하였다. 삼성전자는 이와 함께 조직위원회에 휴대폰 8,000여 대를 공급했으며, 올림픽 기록과 경기일정, 뉴스 등을 휴대폰을 통해 접할 수 있는 와우 기술을 아테네올림픽에 이어 두 번째로 선보이기도 하였다.

삼성은 올림픽 기간 중 이테리올림픽 영웅 알베르토 톰바르를 홍보대사로 집중 활용하기도 했다. 톰바르는 홍보관에 출연해 사인회, 삼성 휴대폰 시연, 고객초청 프로그램 만찬참석, 기업광고 출연 등

2006 토리노 동계올림픽 삼성홍보관

삼성의 커뮤니케이션 메시지를 언론과 소비자, 딜러 등에게 전달하는 데 큰 역할을 하였다.

삼성은 올림픽 같은 대형 이벤트의 후원을 통해 신제품 및 신기술을 알리고 브랜드 경험을 제공함으로써 단기간에 전 세계 소비자들의 마음속에 강력하게 파고들었다.

스포츠를 활용한 친근한 브랜드 만들기

다국적 기업의 탄생, 글로벌화 등과 같은 기업 환경의 변화로 기업의 일방적인 메시지 전달은 이제 더 이상 효과적이지 않게 되었다. 또한 광고의 홍수로 인해 요즘 소비자들은 자연히 광고를 외면하고 불신하게 되었다. 따라서 일방적으로 정보를 주입하는 커뮤니케이션은 최소화하고 소비자와의 직접 경험을 최대화하는 것이 브랜드 커뮤니케이션의 가장 중요한 부분이 되고 있다. 또한 과거의 상업광고 패턴을 탈피해 소비자가 스스로 좋아하는 스포츠 이벤트 혹은 문화 이벤트와 연계해 브랜드 연상을 이끄는 것은 브랜드 관리에 있어 매력적인 방법이 되었다.

스포츠 이벤트 혹은 문화 이벤트와 연계시켜 브랜드를 지속적으로 노출시키는 것은 고객으로 하여금 그 브랜드를 친근하게 느끼게 한다. 따라서 스포츠 이벤트에 대한 언론 홍보나 다양한 간판들을 통해 브랜드 네임의 노출이 달성되는 것만으로도 기업의 후원은 효율적일 수 있다.

삼성이 박세리와 10년 동안 계약금 8억원, 연봉 1억원 계약을 맺었을 때만 해도 국내 경쟁사들은 삼성이 불리한 계약을 체결했다고 생각했었으나 4년 뒤 박세리 선수가 LPGA 챔피언십, US여자오픈 우승 등 데뷔 첫 해에 4승을 거두자 국내 기업들은 삼성이 거둔 스포츠 마케팅의 효과를 절감할 수 있었다. 박세리 선수가 삼성의 모자와 티셔츠를 입고 등장하여 LPGA 맥도날드 챔피언십에서 우승하였을 때 당시 리서치인터내셔널 자료에 의하면 삼성의 기업 인지도는 77%에서 83%로 뛰어오른 것으로 나타났다.

스포츠 후원이 브랜드를 노출시키고 친근하게 하는 데 유용한 이유는 스포츠 행사가 다른 분야의 행사에 비해 월등히 많고 그 파급효과 또한 크기 때문이다. 예를 들어 음악회를 후원하는 경우 스폰서 기업은 무대 위에 자사의 로고나 브랜드를 설치할 수 없지만 스포츠 경기장에는 가능하다. 또한 스포츠 후원은 이벤트에 따라 인구통계학적 특성을 예측할 수 있으므로 타깃층에 효과적으로 커뮤니케이션

FC 첼시와의 후원 계약

할 수 있다. 그리고 경기장의 시설물이나 선수의 유니폼에 부착된 형
태로 자연스럽게 매체에 등장하게 되어 일반 광고보다 사람들이 쉽
게 받아들인다. 또한 노출 범위가 크고 노출 빈도도 높으므로 비용
대비 효율성이 높다. 실제 크리민스(Crimmins)와 혼(Horn)(1996)의
연구에서는 스포츠 후원의 경우 스포츠가 지니고 있는 역동적인 이
미지, 권위, 가치 등이 기업이나 브랜드에 효과적으로 연계됨으로써
브랜드의 자산가치가 더욱 증대될 수 있다고 하였다.

2005년 삼성전자와 FC 첼시와의 후원계약은 많은 논란을 일으켰
다. 첼시는 영국 내에서만 290만명, 전 세계적으로 2,000만명에 가까
운 팬을 보유한 유명 축구 클럽이다. 이 계약은 첼시 구단사상 최대
규모였으며 삼성으로서도 올림픽 스폰서십 이후 두 번째 큰 규모로
국부유출에 대한 논란을 일으키기도 하였다. 그러나 삼성전자는 FC

첼시와의 후원계약을 위해 1년여 동안 사전 조사를 벌였다고 한다. 계약과정에서는 그 동안 올림픽 마케팅 등을 통해 펼쳐온 스포츠 마케팅 실적과 노하우를 내세워 노키아를 따돌릴 수 있었고 7~8명의 전담팀이 반년 넘게 첼시와의 계약에 매달렸을 정도로 정보력과 협상력 강화에 많은 노력을 쏟아 부었다.

이러한 삼성의 첼시 후원은 논란을 무색하게 할 정도로 삼성전자의 브랜드 이미지 구축에 많은 기여를 하였다. 후원 첫 해에 첼시가 우승을 거둠으로써 삼성전자의 후원 효과는 영국에서만 1년간 650억 원 이상으로 추정되었다. 삼성전자 영국법인은 2005년 유럽 12개 판매법인 중 유일하게 20억 달러의 매출을 달성하여 1위에 올랐다. 2006년에는 40% 늘린 공격적인 매출 목표를 잡았다. 경기장 주변에서 ‘SAMSUNG MOBILE’이 새겨진 유니폼을 입고 ‘첼시’를 연호하는 팬들은 삼성전자의 ‘걸어다니는 광고판’이나 다름없었으며, 삼성을 친숙한 브랜드로 만들어 주었다.

브랜드 노출을 넘어 브랜드를 경험하게 하는 것은 브랜드가 고객과 연결될 수 있는 독특한 기회를 제공한다. 단순히 고객들에게 이벤트 경험을 제공하는 것만으로도 브랜드에 대한 호감을 가지게 할 수 있으며, 그 경험의 반복은 브랜드에 대한 충성도를 높여준다.

고객의 경험을 유도하는 방법에는 여러 가지가 있다. 그 중에서 삼성은 스포츠를 효율적으로 활용하였으며 대표적인 예로 삼성 러닝페스티벌(Samsung Running Festival)을 들 수 있다. 삼성 러닝페스티벌은 1995년 헝가리의 삼성전자 법인에서 창립 5주년 기념행사의 일환으로 기획되었던 행사였다. 그러나 행사 취지에 대한 시민들의 대대적인 호응으로 8만여 명이 동참하는 축제가 되었고 이후 중부 유럽

9개국을 비롯한 세계 곳곳에서 개최되어 매년 수십만 명이 참여하는 대규모 축제로 발전되었다.

삼성전자는 아시아 시장을 상대로 마케팅 PR 활동을 벌이기 위해 1996년 태국의 수도 방콕에서 개최되었던 제14회 아시안 게임에 공식 파트너로 참가하였고, 아시안 게임 론칭 프로그램의 일환으로 삼성 러닝 페스티발을 진행하였다. 아시안 게임보다 한달 가량 앞선 11월 1일 북경, 뉴델리 그리고 아시안 게임 개최지인 방콕 등 3개국에서 일제히 시작하였다. 5km를 달려야 하는 러닝 페스티발에 모두 3만 5천명이 참가해 최대의 달리기 축제로 기록되었다.

캠페인 전략과 실행을 살펴보면 삼성은 대회 마스코트와 엠블렘 등을 각종 광고 및 홍보에 활용했다. 개막식과 폐막식장 및 29개 경기장에 93개의 펜스광고를 설치했고 육상, 체조, 양궁 등 9개 종목에 선수 등번호판 광고를 실시했으며 태국에 신규 광고수단으로 대형 광고차인 점보트론을 도입했다. 점보트론은 길거리에서 경기중계를 해줌으로써 태국민의 인기를 끌었다. 그리고 아시안 게임 조직위원회에 스폰서십 비용으로 9백만 달러를 제공하는 대신 3,600여 개의 전자제품을 유료로 공급했다. 아시안 게임이 열린 방콕의 타마삿과 후아막에는 2개의 홍보 전시관을 세웠으며 지휘자 금난새씨가 이끄는 수원시립교향악단을 초청해 '삼성 아시아의 밤 음악회'를 개최하기도 하였다.

중국에서는 일반 소비자들이 페스티발을 신청하면 행운권을 제공해 가전제품에 당첨될 수 있는 기회를 제공했다. 인도에서는 매장에 포스터를 부착하고 신청서를 비치해 페스티발 참가신청을 받았다. 태국에서는 라디오 인기 프로그램과 대학가를 순회하는 로드쇼를 통해 참가신청을 유도했다.

1998년 11월 1일 아시아 3개국에서 일제히 실시한 '삼성 러닝 페스티발'에는 3만 5천 명이 참가하여 해당 도시 최대의 달리기 축제가 되었다. 방콕의 타마삿과 후아막에 설치된 2개의 전시관에 25만 명이 방문했으며 1998년 8월 27일 방콕에서 개회했던 기자회견을 시작으로 아시아 3개국과 국내에서 보도된 '삼성 러닝 페스티발' 관련 뉴스는 방송 21회, 신문 136회 등 총 151회에 달했다. 홍콩의 스타 TV는 페스티발을 30분간 아시아 전역에 방송함으로써 삼성의 브랜드 인지도를 높였다. 소비자 500명과 딜러 10명 등 총 600명을 대상으로 조사를 실시한 결과 '삼성 러닝 페스티발'에 대해 70% 정도가 알고 있었고, 60% 정도는 그 행사가 삼성의 기업 이미지나 매출에 영향을 주었다고 응답했다. 그리고 아시아 3개국에서는 러닝 페스티발을 포함한 아시안 게임 캠페인 결과 1997년 같은 시기에 대비하여 매출이 20% 가량 늘어났다.[7]

이 지역 모든 이들의 소망인 '이념 갈등이나 지역 분쟁 없는 사회를 만들어가자'는 캐치프레이즈를 가지고 시작된 이 행사는 고객들에게 브랜드를 직접 체험할 수 있는 기회를 제공함으로써 삼성 브랜드에 대한 많은 관심을 이끌어냈다.

그동안 삼성의 문화예술 및 스포츠 후원 활동은 대부분 명확한 커뮤니케이션 목표를 가지고 오랜 기간 준비를 거쳐 진행되어 왔다. 특히 글로벌 시장에서 삼성이 한국의 기업이 아니라 세계의 기업이라는 이미지를 심어주고 브랜드를 친근하게 느끼도록 하는 데 많은 노력을 기울여 왔다.

그러나 이제는 글로벌 시장에 삼성 브랜드를 알리는 것에서 더 나아가 선호도와 충성도를 높이기 위한 전략이 필요한 시점이다. 삼성은 잘 팔리는 브랜드에서 사랑 받는 브랜드로, 잘 나가는 회사에서 좋은 회사 혹은 존경 받는 브랜드로 거듭날 필요가 있다. 그러기 위해서는 문화예술이나 스포츠 후원활동에 대한 올바른 철학과 세밀한 전략으로 접근해야 한다.

사회공헌 활동을 통한 브랜드 이미지 강화

브랜드와 관련하여 여러 권의 책을 출간하여 학계와 실무계에서 주목을 받고 있는 아커(David Aaker) 교수는 브랜드 자산의 개념을 강조하면서, 브랜드 자산이 브랜드 애호도, 브랜드 인지도, 지각된 품질, 브랜드 연상, 그리고 심볼이나 로고 같은 기타 독점적 자산으로 구성되어 있다고 하였다. 마케팅이 가격, 제품, 유통, 촉진의 마케팅 믹스 관리에 집중하는 반면에 브랜드 관리는 브랜드 자산 요소들에 대한 관리를 중요시 여긴다.

이러한 브랜드 자산은 상징적 특성을 갖는 요소들에 상당한 영향을 받으며 이러한 요소들의 관리가 브랜드 자산 구축 및 관리에 중요한 역할을 한다. 그리고 브랜드 자산의 또 다른 중요한 특징은 고객과의 관계에 기반을 둔다는 것이다.

여기서 브랜드와 고객의 관계는 참가자가 적극적으로 개입되고 참여할 때 강화될 수 있다. 이러한 과정을 통해 고객들은 브랜드에 대한 여러 가지 형태의 지식을 가지게 되고 이는 브랜드에 대한 선호도 및 충성도에 영향을 미친다. 따라서 기업들은 브랜드와 고객의 관계 구축을 위해 고객 밀착형 브랜드 커뮤니케이션 활동을 진행한다. 그 대표적인 활동으로 문화예술 활동 지원, 스포츠 및 이벤트의 후원, 사회공헌 활동 등이 있다. 특히 기업의 사회공헌 활동은 브랜드에 대한 신뢰 강화와 친밀한 고객관계 창출을 위한 효율적인 커뮤니케이션 방법으로서 최근 많은 관심을 받고 있다.

전략적 사회공헌 활동

21세기에 들어서면서 상생과 지속가능이라는 새로운 이슈가 세계를 주도하고 있다. 환경, 윤리, 투명경영과 기업의 사회적 책임을 포괄하는 지속가능 경영이 산업계에서 새로운 흐름을 형성하고 있는 것이다. 이는 기업이 덩치를 키우고 이익을 내는 것만으로는 생존의 충분조건이 될 수 없으며, 환경보전, 사회공헌 등을 통해 건강한 가치를 추구하고 지켜야 생존을 보장받을 수 있다는 데 바탕을 둔 개념이다. 기업의 지속가능 경영은 경제적 차원만이 아니라 환경적, 사회적 차원에서도 성과를 높이는 경영활동을 하여 기업 가치를 증진시키는 경영이라 할 수 있다.

짧은 자본주의 역사를 지닌 우리나라 기업들은 경제발전 단계에 따라 그 역할을 달리해 왔다. 초기 자본도입 시기라 할 수 있는 1850~60년대에는 제품을 값싼 가격에 공급하는 기업이 각광을 받았으며 1970년대에는 수출을 많이 해 국민 경제에 크게 기여하는 기업이 찬사를 받았다. 1980년대에는 사회 민주화의 영향으로 소득격차가 불거지고 부 축적의 정당성이 제기되면서 기업에 대한 사회적 비판이 증대되기 시작했다 1990년대에는 잇단 정치적 비자금 사건과 해외 자금유출 등으로 기업 윤리와 사회적 책임이 중요한 이슈로 떠올랐다.

이러한 사회적 배경에서 오늘날 사회공헌 활동은 기업들의 필수 항목이 되고 있다. 하지만 과거와는 달리 자선적·시혜적 차원의 기부활동이 아니라, 전략적 사회공헌 활동이 큰 흐름으로 자리잡고 있다. 기업들은 사회공헌 활동을 기업 브랜드 가치를 높이기 위한 투자 차원에서 접근하고 있다. 그리고 사회공헌 활동을 효율성 있게 펼치기 위해 관련 예산을 늘리고 전담 조직을 별도로 만들고 있다.

이러한 전략적 사회공헌과 관련해 미국 켈로그의 사례는 시사하는 바가 크다. 이 회사는 미국 대공황 시기 극빈자에게 시리얼을 무료로 배급하는 활동을 벌였다. 이를 통해 빈곤층의 기근을 해결하는 데 기여했고, 동시에 시리얼이 미국인의 아침식사로 자리잡는 계기를 마련했다.

기업 브랜드에 대한 선호도 및 충성도를 높이기 위해서는 브랜드 자체가 경쟁력을 가지고 있어야 함과 동시에 고객들로부터 존경받고 사랑받는 브랜드가 되어야 한다. 그리고 존경받는 브랜드가 되기 위해서는 이윤추구를 넘어 사회 공동체 일원으로서의 사회적 책임을 다해야 한다.

기업의 사회적 책임은 20세기 들어 대두되기 시작했는데, 초기에는 주로 자선적인 면이 강조되었다. 즉 기업가 자신이 벌어들인 것을 사회에 환원해야 한다는 차원이었다. 하지만 근래에 들어서는 기업 활동의 연장선상에서 추진되고 있다. 특히 기업의 브랜드 이미지 구축 차원에서 사회공헌 활동의 효과를 극대화하고 이를 통한 매출 증대와 같은 마케팅 효과를 창출하는 데 초점이 맞추어지고 있다.

이렇게 기업의 사회공헌 활동을 통한 브랜드 커뮤니케이션이 중요해지는 이유는 사회 구성원들의 기업의 사회적 책임에 대한 기대와 기업 스스로가 기업의 사회적 책임을 바라보는 관점이 달라졌기 때문이다. 즉 이제는 사회공헌 활동을 과거의 자선활동과 같은 관점에서 바라보는 것이 아니라 신뢰 창출을 통한 기업 브랜드 이미지의 관리 측면에서 접근하고 있다.

미국 엔론사의 사례는 자발적인 준법정신과 윤리준수 노력을 포함한 사회적 책임 노력이 얼마나 중요한지를 일깨워주는 사례이다. 경영성과가 아무리 높다 하더라도 기업의 윤리의식이 희박하다는 인상을 주면 시장과 사회로부터 신뢰를 상실하여 결국 기업의 문을 닫게 된다는 사실을 재확인시켜 준 것이다.

이에 반하여 월마트(Wal-Mart), 제너럴 일렉트릭(GE), 마이크로소프트 등은 지속적인 사회공헌 활동을 통해 이해관계자에게 신뢰를 심어주면서 글로벌 브랜드로서의 명성을 유지하고 있다.

월마트는 지역사회와 어린이, 교육, 환경이라는 네 분야에 사회공헌 활동의 역량을 집중하고 있는데, 특히 지점이 위치한 지역사회의 발전에 많은 기여를 하고 있다. 지역사회를 위한 활동이 결국 월마트에 대한 신뢰를 높여 기업 이윤으로 돌아온다는 사실을 잘 알고 있기 때문이다.

2004년 〈포천(Fortune)〉지에 의해 세계에서 가장 존경받는 기업으로 선정된 GE는 주로 교육 분야를 중심으로 사회공헌 활동을 하고 있다. GE는 세계적인 자원봉사 조직 엘펀(Elfen)을 통해 사회공헌 활동의 모델을 보여주고 있다. 1928년부터 시작된 엘펀에는 GE의 임직원은 물론 퇴직자들의 가족까지 참여하는데, GE 임직원들은 모두 합해 연간 100만 시간 이상 자원봉사 활동을 하였다.

MS는 소외된 사람, 나이 많은 사람도 정보기술에 쉽게 접근하게 하자는 사회공헌 프로그램 유피(Unlimited Potential)를 통해 이들이 직업을 가져 경제적 빈곤에서 벗어날 수 있도록 돕고 있다.

사회공헌 활동을 통한 브랜드 가치 창조

제품의 우수성과 경쟁력, 탄탄한 자본력과 기술, 그리고 임직원 만족 등이 기업을 성장 발전시키는 핵심적인 요소라 한다면 기업 브랜드에 대한 대중의 인식은 그 성과를 배가 혹은 축소시킬 수 있는 경영적 요소이다. 따라서 그저 막연하게 생각해서 참 좋은 회사라고 떠오르는 브랜드 연상이나 신뢰하고 의지하고 싶은 기업이라는 생각은 한번 굳혀지면 기업의 생존과 성장을 뒷받침하게 된다.

삼성은 2004년 총 수출의 16.3%, 전체 법인세의 6%를 기록하는 등 국제 경쟁력 강화와 수출 증대를 통해 국가의 부를 창출하는 데 크게 기여하였다. 그러나 글로벌 기업으로서 삼성의 경영 실적과 함께 또 다른 획기적인 실적은 기업 브랜드 가치 및 이미지와 관련된 것이다. 2005년 2월 삼성은 미국의 경제전문지 〈포천〉에서 선정 발표하는 세계에서 가장 존경받는 기업에서 39위를 기록하였다. 이는 삼성이 경제적인 외형이나 규모에 걸맞게 사회에 대한 기업의 책임을 다한 기업이라는 인정을 받은 것을 의미한다고 할 수 있다.

이는 삼성 브랜드 가치 평가 결과와도 연계될 수 있는데, 영국의 브랜드 전문 조사기관인 인터브랜드사가 경제 전문지 〈비즈니스위크〉

에 발표한 '세계 100대 브랜드' 중에 2006년 삼성전자는 2005년에 이어 20위를 기록하였다. 삼성전자의 브랜드 가치는 전년도보다 8% 상승한 161억 7,000만 달러를 기록하며 전자제품 업계 1위 자리를 지켰다. 이렇게 삼성이 '전 세계인에게 사랑받고 존경받는 가치 있는 글로벌 브랜드'로 도약할 수 있었던 것은 삼성이 다양한 사회공헌 활동을 통해 브랜드 가치를 창조하고 관리해 왔기 때문이다.

삼성은 사회공헌 활동을 이곳저곳에 돈과 인력을 마냥 지원하는 식으로 하지 않고 있다. 기본적으로 자사 사업영역과의 관련성을 염두에 두는 전략적 사고가 그 바탕에 깔려있다. 또한 사회공헌 활동을 체계화하고 효율적으로 수행하기 위한 노력을 기울이고 있다.

삼성은 2003년 들어 사회공헌 활동의 강화를 선언하며 정도경영의 가치를 높였다. 이는 한국 사회와 경제를 이끌어 가는 리더로서 사회적 역할을 다하는 기업시민의 의무를 더욱 충실히 이행하겠다는 선언이었다. 삼성은 2003년 '삼성 나눔경영' 선포식을 가진 후 화합과 상생의 시대를 맞아 이웃과 함께 성과를 누리는 나눔 경영을 천명하였다. 이에 사회복지, 문화예술, 학술교육, 환경보전, 자원봉사의 5대 분야를 중심으로 체계적인 사회공헌 활동을 펼쳐오고 있다.

2004년에는 복지사업에 1,100억원, 학술교육 분야에 1,500억원, 문화예술 분야에 700억원, 체육 및 국제교류 분야에 200억원 등을 지원하였다. 봉사활동에 참여한 인원은 43만 5천여 명이며, 봉사 시간은 총 120만 2천 시간에 이른다. 실제로 삼성은 우리사회에 기업시민이라는 개념을 처음 도입하였을 뿐 아니라 사회공헌 활동을 기업 활동의 중요한 영역으로 끌어들여 체계화하고 차별화된 프로그램을 운영한 최초의 기업이다.

삼성은 해외에서도 적극적인 사회공헌 활동을 펼치고 있다. 1994년 이집트 드룬카 마을을 위한 이재민 구호물자 지원을 시작으로 사회복지와 문화 환경 등 다양한 분야에서 진행되었다. 신입사원들이 연수기간 동안 삼성 제품을 판매해 얻은 수익금을 모아 설립한 라마드 기금(LAMAD, Life Adjustment Marketing Ability Development)은 낙후지역 베트남 어린이를 위한 교육환경 개선 사업인 '꿈나무 교실 만들기'를 후원하고 있다.

북미 지역에서 주로 진행되는 희망의 사계절(Four Seasons of Hope) 프로그램은 지난 2002년부터 스포츠계, 음악계, 정계의 다양한 인사들이 함께하는 자선행사로, 베스트바이(Best Buy), 서큐시티(Circuit City), 컴프유에스에이(CompUSA), 사어스(Sears) 같은 주요 유통 파트너들과의 긴밀한 협력을 통해 진행되었다. 프로그램을 통해 모아진 기금은 지역사회 재단 및 자선단체를 위해 사용되었다.

또한 삼성은 미래의 주 타깃 시장인 중국 내 사회공헌 활동을 대폭 강화하고 있는데, 순수민간 단체인 한중문화청소년 미래숲 센터와 황사 및 중국의 사막화 방지를 위한 '한중 우의림(友誼林)' 조성 사업을 후원하였다. 우리나라에 심각한 문제를 야기하고 있는 황사 문제를 중국과 함께 해결하기 위한 것으로, 한국과 중국 간에 우정의 숲을 조성해 중국 토지의 사막화 및 황사를 막는다는 취지이다.

중국 정부의 관계자들이 삼성의 참여에 대해 큰 관심을 표명하였으며, 중국 내의 유수 일간지에서도 삼성의 '우의림' 조성활동을 특집기사로 보도했다. 이로 인해 삼성은 중국 내에서 친환경적인 기업 브랜드 이미지를 심어줄 수 있었다. 그리고 삼성전자는 중국 낙후 지역에 45개의 삼성애니콜 희망초등학교와 도서관을 짓는 사업을 펼쳤으며 삼성SDI는 한국에서와 같이 현지 백내장 환자들을 대상으로 무료 개안사업을 벌였다.

이와 같이 삼성은 해당 국가의 사회 문제와 연계하여 전략적으로 사회공헌 활동을 추진함으로써 글로벌 시장에서 브랜드 가치와 신뢰를 크게 제고시키고 있다.

사회공헌 활동과 브랜드 명성 관리

기업이 지속가능한 성장(Sustainable Growth)을 하기 위해서는 기업 명성 현황을 파악하고 제고하는 기업 브랜드 명성 관리가 필요하다. 기업 브랜드 명성을 관리하는 활동으로 PR, 광고, 마케팅 등 다양한 방법이 있지만 사회공헌 활동은 기업 브랜드 명성에 직접적인 영향을 줌과 동시에 PR, 광고, 마케팅의 한 요소가 되기도 한다.

기업의 사회공헌 활동이 기업 브랜드 명성에 어떠한 영향을 미치는가에 대한 실증적 증거 자료들은 많이 있다. 〈2001 National Walker Information Benchmark Study〉에 따르면 임직원의 33%~67%는 기업이 사회적 책임을 다하는 것이 그 기업에서 일하는 이유이자 기업을 차별화하는 이유라고 대답하였으며, 소비자 세 명 중 한 명은 기업의 사회공헌 활동이 브랜드 구매 선택의 이유라고 대답하였다. 주주와 투자자 역시 세 명 중 한 명은 기업 사회공헌 활동이 주가와 투자 결정에 영향을 미친다고 대답하였다.

연구에 의하면, 기업의 사회공헌 활동 수준은 총자산 순이익률, 유동비율, 낮은 부채비율과 같은 기업의 경제적 성과에 중요한 영향을 미친다. 또한 기업 브랜드에 호감을 갖게 하는 중요한 요인이다.

하지만 사회적 명망이나 브랜드 인지도가 높은 기업일수록 대중의 감시에서 자유롭지 않기 때문에 브랜드 명성을 관리하기가 쉽지 않다. 그리고 기업의 브랜드 명성이 높을수록 문제가 발생할 때마다 기업의 명성이 크게 실추되는 위험을 감수해야 한다. 그만큼 적극적이고 체계적인 명성 관리가 요구된다.

기업의 사회공헌에 대한 요구는 앞으로 더욱 증대될 것이며 기업에게 요구하는 윤리기준 역시 한층 더 높아질 것이다. 이러한 변화는 한국 기업이 세계 표준에 진입하고 세계적 차원에서 브랜드 명성 관리를 하기 위한 필수요건이다.

현재 우리나라에서 사회공헌 활동을 통한 브랜드 명성관리를 잘하고 있는 대표적인 기업은 유한킴벌리이다. 유한킴벌리의 '우리 강산 푸르게 푸르게' 캠페인의 경우 환경보호를 통한 삶의 질 개선이라는 일관된 주제를 가지고 1984년부터 지속적으로 활동을 전개해 왔다. 실시 초기부터 매출액의 1%를 꾸준히 사회공헌 활동에 사용하는 유한킴벌리는 과거 매출액의 6~7%선이던 광고비를 4%대로 낮추었지만 단기 순이익이 10년 전에 비해 8배가 늘었고, 1999년 한국소비자 리서치가 조사한 결과에 따르면 '우리 강산 푸르게 푸르게' 캠페인의 자산가치는 약 1천 3백억원에 이르는 것으로 나타났다.

삼성 역시 다양한 사회공헌 활동을 통해 브랜드 명성을 관리해 오고 있다. 가정 형편이 어려워 등록금 마련이 힘든 3천여 명에게 매년 장학금을 전달하는 '소년소녀 가장 돕기 사업'을 진행하였고, 2004년부터는 연간 10억원을 투입해 얼굴 기형으로 학업, 취업 등 어려움을 겪고 있는 저소득층을 대상으로 매년 약 90명씩 성형 수술을 해주고 있다.

2006년 방영된 삼성의 한 기업 PR광고에서는 삼성으로부터 안면 성형수술을 지원받은 청소년이 밝게 웃는 모습을 보여준다. 또 다른 광고에서는 생활이 어려워 수학여행을 갈 수 없었던 고등학생이 처음으로 친구들과 수학여행을 떠나는 밝은 모습이 나온다. 이처럼 삼성은 다양한 사회공헌 활동을 통해 소외계층에게 희망을 주는 한편, 그것을 명성 관리에 활용하고 있다.

삼성의 사회공헌 활동 변천사

기업의 사회공헌 활동은 세 가지 형태를 가진다. 첫째는 상당액의 기금을 출연해 고유 목적 사업을 수행하는 기업 재단이다. 두 번째는 기부 활동이다. 기부는 자선활동 내지 준조세의 성격으로 행해지던 단순 기부와 직접 자체 사회공헌 프로그램을 운영하는 공익사업 형태로 나뉜다. 기부는 일회적으로 이루어진다는 문제점을 안고 있지만 기업의 전문적인 사회공헌 프로그램 개발 능력이나 운영력이 갖춰지지 않은 현실에서 주된 사회공헌 활동이 되고 있다. 마지막 형태는 대규모 자금 투자 없이 임직원들이 자발적으로 각자의 전문성과 노동력을 제공하는 자원봉사활동이다.

삼성은 1938년부터 1992년까지 주로 재단을 설립해 기업 이윤을 사회에 환원하는 활동을 하였다. 1964년 삼성장학회를 설립하였으며 1965년에는 삼성 문화재단을 발족하여 성균관대학교를 인수하였고 1971년에는 삼성 공제회, 1982년에는 호암미술관을 설립하였다. 이처럼 문화예술 진흥과 육영사업 중심으로 전개되던 삼성의 공익사업은 1980년대에 들어 삼성생명 공익 재단과 그룹 차원의 삼성복지재

삼성의 기업 PR광고, '함께가요 대한민국'
〈출처〉 광고정보센터

단을 통해 사회복지 분야로 확대되었다. 1994년에는 삼성 의료원을 개원하였고, 전국 주요 도시에 20여개 소의 어린이집을 건립하기도 하였다.

삼성의 사회공헌 활동은 1993년 신경영 선언을 계기로 한단 계 더 발전하였다. 신경영 선언은 사회공헌 활동을 기업 경영의 핵심적 요소로 규정하고 있다. 삼성은 기존 재단 중심의 활동 방식에서 벗어나 모든 삼성 계열사와 사업장의 임직원이 직접 참여하는 형태로 방향을 전환하였다. 회사는 임직원들의 자원봉사 활동이나 기부 활동을 장려하고 지원해왔는데, 이러한 사회공헌 활동은 참여자들에게 건전한 가치관을 형성시켜 주고 만족감과 보람을 느낄 수 있게 하였다. 또한 기업 차원에서도 건강한 조직문화를 가져다 주었고 지역사회와의 유대도 한층 더 강화시켰다.[8]

브랜드와 연계된 사회공헌 활동

브랜드 관리에 있어 브랜드 레버리지(Brand Leverage)라는 개념이 있다. 이는 특정 브랜드가 보유하고 있는 자산을 지렛대로 삼아 그 브랜드를 타 제품 라인, 타 제품군 등으로 확장하는 것이다. 이 때 가장 중요하게 생각해야 하는 것이 적합성이다. 브랜드 레버리지를 위해서는 기존 브랜드와 확장 대상 제품 간에 연관성이 있는지, 그리고 브랜드 확장으로 인해 양측이 모두 더 나은 성과를 얻을 수 있는지를 평가해 보는 작업이 요구된다.

브랜드 레버리지에 있어 적합성을 따져보아야 하는 것과 마찬가지로 브랜드 관리에 있어서도 적합성이 매우 중요하다. 즉 사회공헌 활동을 계획함에 있어 기업은 브랜드 아이덴티티 및 다른 브랜드 커뮤니케이션 활동과의 연관성 및 효과를 고려해야 한다.

유한킴벌리의 '우리강산 푸르게' 환경 캠페인을 브랜드 레버리지 활동 측면에서 살펴보면 산림보호라는 환경 캠페인으로서 유한킴벌리가 생산하는 제품과 강한 연관성을 가지고 있다. 그리고 일회성 이벤트가 아닌 장기간에 걸쳐 진행된 캠페인으로서 연결 강도 역시 매우 높았다. 또한 경쟁사뿐만 아니라 다른 어느 기업도 진행하지 않은 창의적인 캠페인이었기 때문에 환경 보호라는 사회공헌 활동의 긍정적 연상이 브랜드에 전이될 수 있었다.

유한킴벌리에서 실천하는 환경경영은 품질혁신운동, 환경설계운동, 청정생산방식 등 자원절약형 생산체제를 모두 포괄하고 있으며, 그 밖에도 안전, 환경, 윤리, 품질 등의 문제에 있어 협력 업체나 유통 업체들을 선도해가고 있다. 아울러 자신들의 노력이 전 산업에 확산될 때 경제와 환경이 진정으로 상생하고 새로운 경쟁력과 삶의 질을 확보하는 데 성공할 수 있는 것이라는 믿음을 가지고 있다.

이러한 꿈은 일 차원을 넘어 가정과 지역사회 등 여러 분야에서 동시에 진행되었다. 무엇보다 1984년 이래 시작된 '우리강산 푸르게 푸르게' 캠페인과 함께 국민적 파트너십 운동인 생명의 숲, 학교 숲 운동 등은 이제 크게 확산되어 우리 사회의 주요한 공익운동으로 자리잡아 가고 있다.

유한킴벌리는 1984년부터 '우리강산 푸르게 푸르게' 환경실천 캠페인을 시작했고, 이를 통해 국유림 나무심기, 신혼부부 나무심기, 청소년 환경캠프 등 다양한 프로그램들을 운영해오고 있다. 그리고 IMF 위기에서의 국민적 파트너십 운동과 범국가적 숲가꾸기 운동에 주도적으로 참여했으며, 학교숲 운동, 북한숲 복원활동과 동북아 사막화 방지활동 등을 적극적으로 추진해 왔다.

2000년대 유한킴벌리는 사회공헌 활동에 있어서 숲 운동과 함께 저 출산과 고령화의 극복, 과로체제의 지양 및 지식사회로의 전환, 고용안전과 가족 친화적 기업문화 등 참여 영역을 넓혀가고 있다.

사회공헌 활동을 통한 브랜드 명성관리 전략에 있어서도 가장 중요한 것이 업(業)과의 연관성이다. 기업은 무엇보다 기업 브랜드의 핵심 가치와 미션에 부합하는 테마를 잡아 그 테마와 관련 있는 곳에 집중 투자해야 한다. 세계적인 건자재 기업인 라파즈의 '사랑의 집짓기 행사(해비타트)' 역시 업(業)과의 연관성을 잘 살린 성공적인 경우라 할 수 있다.

한국 라파즈 석고보드는 무주택 서민들에게 무료로 집을 지어주는 '사랑의 집짓기 운동'에 적극 참여하여 건축자재와 공사 장비 등 건

구 분	활동 내용
청소년 환경 체험교육-그린캠프	미래의 주인인 청소년들에게 자연 환경의 소중함을 느낄 수 있도록 1988년부터 숲을 통한 환경체험교육인 그린캠프를 개최해 왔음. 특히 숲과 대기, 숲과 물, 숲과 토양, 숲과 생태 등 나무와 물, 토양, 생물들을 직접 보고 듣고 만지며 느끼는 프로그램.
일반인 환경체험교육-신혼부부 나무심기	1985년 충북청원군 백운면 화당리에서 처음 잣나무 묘목 1만 2천 그루를 심은 이래 매년 식목일을 즈음하여 자원봉사에 나선 신혼부부들과 나무를 심고 있음. 2005년까지 13,858명이 나무심기 체험을 같이 했으며, 이를 통해 국가 소유 산림지에 112,110그루의 나무가 자라고 있음. 특히 2005년에 북한 금강산 고성 산불피해 지역에서 나무심기 진행하여 우리강산을 하나로 푸르게 만드는 원년이 되었음.
숲에 관한 정보사이트 운영	유한킴벌리는 정보화 시대를 맞아 인터넷을 사용하는 사람들을 위해 2001년 1월부터 웹사이트 상에서 숲 정보를 제공하면서 숲 보호 활동의 참여를 독려하는 숲 정보 사이트 '우리 숲'을 개설해 운영하고 있음. 5만여명이 우리 숲의 회원으로 활동하고 있으며 회원들에게 매월 숲 관련 최신 소식을 담은 숲 웹진 서비스를 하고 있음. 숲 관련 전문위원을 통해 나무, 풀, 대기, 물 등 숲을 이루는 다양한 요소에 대한 질문에 답을 주는 게시판을 2005년부터 운영하여 2005년 12월 현재 700여 건의 질문과 답변이 이루어졌음.
환경연구, 조사활동	건강하고 지속가능한 미래숲을 준비하기 위해 유한킴벌리는 1996년부터 산림전문가, 생태전문가, 환경보호단체, 학교 등에서 진행하는 연구를 지원하여 숲 관련 정책결정과 숲에 대한 비전 제시에 협력해왔음. 그 동안 지원건수는 총 38건에 이르며 주요내용으로는 '산림 선진국 사례연구', '도시 숲 보호 연구', '녹색구매 활성화 방안 연구', '자연보전에 관한 기후변화 연구' 등이 있음.
출판활동	1993년부터 환경서적 출판에 관심을 갖고 지원해왔음. 현재까지 환경보호 활동의 실천, 해외사례 소개, 숲 가꾸기를 다룬 총 21종의 환경 서적 출판에 참여했으며, 총 4만 6천여 부를 보급.

환경광고	1984년부터 '우리강산 푸르게 푸르게' 캠페인을 시작하면서 대중매체를 통해 지속적인 계몽 활동을 펼쳐왔음. 이러한 활동을 통해 숲의 소중함, 맑은 물, 깨끗한 공기, 숲속의 생명보호, 흙의 오염방지, 숲의 다양성, 숲의 탄소 저장성, 숲의 생명성과 문화성 등에 대한 메시지를 전달하는 일에 의미를 두어왔음. 20년간 한결같이 숲의 중요성을 이야기함으로써 기업의 우수 캠페인 사례로 뽑혀 대한민국 광고대상, 소비자가 뽑은 좋은 광고상 등 총 35회에 이르는 광고상을 수상하기도 하였음.
학교 숲 만들기 참여	1995년부터 학교숲 운동을 시작하여 1998년부터 숲 보호 시민 단체인 생명의 숲, 2001년부터는 산림청이 함께 참여하여 전국 적인 운동으로 학교숲 운동이 확산되는 기틀을 마련하였음.
평화의 숲과 함께 황폐화된 북한 숲 복구 협력	1999년 북한의 산림복구를 통해 한반도 환경보전에 기여하자 는 목적으로 창립된 단체인 평화의 숲과 함께 북한의 산림복구 및 보호에 필요한 나무종자, 묘목, 장비등 지원, 전문가회의 개 최, 산림 및 농업 복구에 관한 세미나 개최 등을 추진

〈출처〉 유한킴벌리 지속가능성 보고서(2007)

설에 필요한 물품과 기술 인력을 지원하였으며, 매년 30여 명의 임직
원들이 건축현장에서 가족과 함께 자원봉사를 하였다. 카터 전 미국
대통령이 방한해 해비타트 붐을 일으킨 2000년부터 2006년 까지 이
회사가 제공한 석고보드의 양은 약 5만 5,000장에 달하며 계열사인
라파즈 한라시멘트도 2001년부터 주택 건설에 사용된 시멘트 805톤
을 제공하였다. 라파즈는 이러한 활동을 통해 윤리적이고 도덕적인
기업이라는 이미지뿐만 아니라 건축자재 전문기업으로서의 이미지
까지 얻을 수 있었다. 이에 라파즈는 더욱 활발하게 해비타트 운동에
참여하고 있다.

두 번째로 중요한 것은 임직원의 참여이다. 기업의 사회공헌 활동

은 그 어떤 분야보다 임직원의 적극적인 참여가 중요하며, 이를 통해 지역사회와 유대 관계를 구축해야 한다.

이외에 중요한 것으로는 다양한 공중에 대한 통합 커뮤니케이션(IMC), 사회 각 분야와의 네트워크 형성, 그리고 전담 조직 및 제도 마련이 있다.

2005년 기준 삼성 임직원의 70%인 10만 6,000명이 각종 사회활동에 참여하고 있으며 그룹 내 약 3,800여 개의 봉사 팀이 존재하고 있다. 사회봉사의 성격 역시 단순히 시간과 인력을 투입하는 노력봉사가 아니라 각자의 능력을 최대한 발휘할 수 있는 전문봉사를 지향하고 있고, 활동의 범위를 지역을 넘어 글로벌 사회로까지 확장하고 있다. 또한 사회봉사가 기업 문화로 정착될 수 있도록 신입사원의 입문 교육 과정에 봉사체험 기회를 포함시키고 있다.

삼성그룹의 사회공헌 활동은 단기적이고 직접적인 소비자 접근보다는 중장기적이고 전략적이며 업(業)의 개념에 입각한 테마와 사업장 입지에 따른 지역 관련 대의명분들을 효과적으로 설정하고 있다. 즉 단순한 지원 활동이나 성금 기부 등의 방식이 아니라 같은 비용을 투자하면서도 회사의 업종과 연관된 특화된 프로그램으로 접근해 사회공헌 활동이 기업 브랜드 이미지와 자연스럽게 연결될 수 있도록 하고 있다.

일례로 삼성전자가 정보화 소외계층을 위해 무료 컴퓨터 교실을 운영하거나 장애인 정보화 교육을 지원하는 것을 들 수 있다. 전국의 학생들을 대상으로 주최하는 창의력 올림피아드 역시 삼성전자의 업의 특성을 살린 프로그램 중 하나로 창의적인 인재양성에 기여하는 기업이라는 브랜드 이미지 구축에 도움을 주고 있다.

삼성SDI는 세계적인 브라운관 메이커로서 무료안과 수술, 시각장애인을 위한 봉사활동 등을 전개해 왔다.[9]

삼성코닝도 업의 특성을 살려 한국 유리 조형 공모전을 격년제로 열고 있으며, 신예 유리 조형작가를 발굴 지원해 왔다. 일회성 투자가 아닌 장기적인 투자와 지원을 통해 국내 예술문화 정착에 기여하는 기업 브랜드 이미지를 구축하고 있다.

삼성정밀화학은 환경 안전교육이나 지역사회 자원봉사 활동을 진행해 왔고, 삼성생명은 노인들을 위한 전국 경로당 환경개선 사업을 벌여 왔다. 이 외에도 임직원의 기부금에 회사의 지원금을 더하는 하트매칭펀드를 조성해 대학생 장학금 지원, 여성 가장 창업지원 등 소외계층을 위한 각종 사업을 펼치고 있다.

삼성증권은 건전한 투자문화 육성을 위해 청소년 경제교육을 실시하였고, 정석 투자를 권하는 행복투자교실을 운영하기도 했다.

삼성화재의 안내견 지원사업은 좀처럼 다른 기업이 흉내내지 못하는 차별적인 사회공헌 활동이다. 국제안내견협회의 회원인 안내견학교는 1994년 이후 지금까지 안내견을 무상으로 분양해 오고 있다. 더 나아가 장애인 보조견에 대한 사회 인식과 제도를 개선하기 위해 노력하였다. 해외 관련법에 대한 자료를 수집하고 보조견 관련 법안 공청회를 여는 등의 꾸준한 노력의 결과 보조견의 공동주택 거주와 대중교통수단 탑승, 공공장소 출입 등의 권리를 인정한 장애인복지법의 개정을 이끌어낼 수 있었다.

이 같은 법률 개정에 따라 2005년 4월에는 보조견을 동반한 장애인의 출입을 거부한 할인매장에 첫 과태료가 부과되기도 하였다. 삼성화재의 안내견 지원사업은 시각장애인들이 자립적 생활 능력을 갖출 수 있도록 도움을 주었다는 데 의의가 있으며, '일등 지상주의적이다, 폐쇄적이다' 라는 비판을 받아온 삼성의 이미지를 보다 인간적이고 개방적인 이미지로 바꾸는 데 기여하였다.

이러한 삼성의 사회공헌 활동은 물질적인 지원과 임직원의 자발적인 봉사 활동을 결합시킴으로써 삼성이 추구하고자 하는 브랜드 아이덴티티를 효과적으로 전달해왔다고 평가할 수 있다.

그러나 앞으로 한국 대표기업으로서 삼성의 사회공헌 활동은 보다 더 확장되고 체계화될 필요가 있다. 이를 위해 업의 특성을 살린 다양한 사회공헌 프로그램 개발과 제도화는 물론 전사적 차원의 뒷받침이 있어야 한다. 그래야만 사회공헌 활동이 '생색내기' 식의 사업이 아닌 경영의 핵심 요소로 자리잡을 수 있게 될 것이다.

04

삼성 브랜드 리더십

상품 경쟁력의 요소는 기획력, 기술력, 디자인력의 세 가지로 볼 수 있다. 이것이 과거에는 각각 더해지는 합(合)의 개념이었으나, 이제는 각각 곱해지는 승(乘)의 개념이 되었다. 즉, 과거에는 세 가지 결정 요소 중 어느 한 가지가 약하더라도 다른 요소의 힘이 강하면 경쟁력을 유지할 수 있었다. 그러나 곱셈식으로 표시되는 요즈음에는 기획력과 기술력이 아무리 뛰어나도 디자인이 약하면 다른 요소까지 그 힘을 발휘할 수 없고, 결국 경쟁이 불가능해진다. - 이건희, 1997

기술 경영

우리 브랜드는 우리 기술로

2005년 신년사에서 이건희 회장은 초일류 기업, 월드 프리미엄 브랜드로 거듭나기 위한 기술 우위 확보에 대해서 강조하였다.

> "그 동안 삼성은 세계의 일류 기업들에게 기술을 빌리고 경영을
> 배우면서 성장해 왔으나, 이제부터는 어느 기업도 우리에게 기술
> 을 빌려 주거나 가르쳐 주지 않을 것이다. 이 문제를 우리 스스로
> 극복하지 못하면 더 이상 미래가 없다."

그해 11월 8일 삼성종합기술원에서 개최된 '2005 삼성기술전'에서 삼성은 미래의 핵심 원천 기반기술 육성을 위한 총 47조원 규모의 투자 계획을 발표하면서 '기술준비경영'을 선포하였다. 이러한 투자 계획은 기존 연평균 R&D 투자에 비해서 3배 가까이 증가한 것이며 마이크로 소프트, 마쓰시다, IBM, 노키아 등 세계적인 기업들과 견줄만한 수준의 투자액이다.

삼성의 기술 성장사를 살펴보면, 1960~1970년대는 조립 및 생산 효율성을 강조하였고, 1980~1990년대는 개발의 스피드와 품질 개선을 강조하여 왔다. 그러나 21세기 글로벌 경쟁시대에 진정한 글로벌 초일류 기업으로 도약하는 것은 반도체, LCD, 휴대폰 등 주력 제품의 기술 경쟁력을 통해서만 가능하다는 것을 공감하면서 삼성은 21세기 기술 비전을 기술혁신 역량과 원천기술 확보에 두고 있다.

1960년대~1970년대	1980년대~1990년대	21세기
조립 · 생산 효율	개발스피드 품질개선	기술혁신 역량 원천기술 확보

〈출처〉 삼성월드(2005)

원천기술을 미국이나 일본 등에 의존하고 있는 상황에서의 경쟁력은 사상누각에 불과한 것이며 따라서 결국에는 우리 기술에 의한 우리 브랜드가 존재할 수 없게 된다는 것이다.

2005년까지 한국의 연구개발 투자는 국민총생산 3%에 그침으로써 미국에 비교하면 1/30, 일본에 비해서는 1/20수준에 불과하다. 한국은 기술종속국으로 전락하여 컬러 TV 한대 생산할 때마다 7, 8원의 기술료를, 무선전화기의 경우는 컬러 TV의 20배가 넘는 160원, 간염 백신의 경우는 780원, 16메가 D램의 경우는 10만원의 기술료를 지불하고 있다. 결국 물건을 많이 만들면 만들수록 원천기술료는 눈덩이처럼 불어나 결국 남의 나라 장사를 대신 해주는 격이 되고 만다. 따라서 삼성은 원천기술을 확보하려면 무엇보다 고급 두뇌 양성과 기술에 대한 과감한 투자가 시급한 과제라고 보았다.

삼성은 우리 기술로 만든 삼성 브랜드의 글로벌 프리미엄 전략을 위해 하드웨어 제조 기술보다 소프트웨어 기술 개발과 고급두뇌 양성을 강조하여 왔다. 1993년 이건희 회장의 신경영 선언도 21세기를 대비한 기술개발과 인재 양성으로 요약해 볼 수 있다. 기술 자립 없이는 기업의 존립 자체조차 불가능하다는 이건희 회장의 의지가 잘 나타나 있다.

이러한 일환으로 삼성전자는 연구 개발에 적극적으로 투자하였으며, 기술 총괄 분야를 신설하여 디지털 컨버전스의 활성화와 연구개발의 시너지 향상을 지원하고 있다. 또한 2005년 초 단행되었던 임원 인사 및 조직 개편에서도 기술 총괄 책임자를 부회장급으로 격상시키는 등 삼성의 기술 경영에 대한 단호한 의지을 보여주었다.

미래에 먹고 살길은 오직 기술개발 뿐

이병철 회장은 일등주의, 제일주의를 표방해 왔다. 이러한 이병철 회장의 경영 철학은 삼성의 초장기 품질 경영에도 잘 나타나 있다. "첫째, 남도 똑같이 만드는 상품을 누가 가장 싸게 만드느냐, 둘째, 값도 똑같다면 누가 가장 좋은 품질의 상품을 만드느냐, 셋째, 품질도 다 똑같다면 누가 남보다 앞서 만드느냐, 이런 정신을 가지고 있지 않고서는 선진국 대열에 끼어 경쟁할 수 없다." 이병철 회장은 항상 품질 경영과 기술우위에 대해서 강조해 왔다.

이병철 회장의 뒤들 이은 이건희 회장은 반도체, IT, 무선통신, 생명공학 등 첨단 산업에 과감히 투자하여 삼성을 더욱 성장시켰다.

"이제는 어느 나라에서 만드는가(made in)는 의미가 없어지는 반면, 누가 만드는가(made by)가 중요한 시대가 되었다. 예전에 국산 제품 만들기가 우리의 지상과제였던 것처럼 이제는 세계분업에 능동적으로 참여하여 세계적인 경쟁력을 갖추는 것이 새로운 시대의 사명이 된 것이다."

삼성의 가장 대표적인 기술 경영의 성공 신화는 반도체이다. 이병철 회장의 품질 경영과 이건희 회장의 기술 경영을 통해서 삼성은 오늘날의 삼성 반도체 신화를 이룰 수 있었다.

매출 110조 원, 순이익 29조 원, 삼성전자가 반도체 사업 시작이후 반도체 산업에서 거둔 실적이다. 1974년 반도체 산업에 첫발을 디딘 삼성전자는 이제 메모리 반도체 분야 세계 1위, 비 메모리 제품을 포함한 전체 반도체 분야에서 2위의 세계적인 브랜드로 인정받고 있다. 반도체 산업은 한국 수출의 10% 이상을 차지하는 중추 산업으로 자리잡게 되었다.

삼성전자는 반도체 사업 진출 10년 만인 1983년 세계에서 세 번째로 64K D램을 개발하면서 주목 받았고, 1993년에는 메모리 반도체 분야 1위에 올라 지금까지 그 자리를 고수하고 있다. 디지털 저장장치 분야의 혁명으로 불리는 플래시메모리 역시 삼성전자가 주도하고 있다. 1999년 256메가비트 낸드 플래시메모리 개발을 시작으로 매년 성능을 2배씩 향상시킨 제품을 내놓고 있다. 삼성전자는 1992년 세계에서 처음으로 8인치 웨이퍼에 투자한 데 이어 2001년에는 12인치 웨이퍼 생산 라인을 세계 최초로 도입했다. 이러한 선도적인 투자의 결과 현재 메모리 반도체 시장에서 30%가 넘는 점유율을 차지하고 있다.

삼성전자가 다른 기업들보다 늦게 반도체 분야에 진입하였지만 30년만에 세계 초일류 반도체 기업으로 성장할 수 있었던 것은 이러한 품질과 기술에 대한 과감한 투자가 있었기 때문이다. 삼성전자가 반도체 사업에 처음 진출했을 때 성공을 예측한 사람은 아무도 없었고, 업계의 반응은 냉소에 가까웠다. 하지만 삼성전자의 지속적인 기술 경영은 '기적'을 낳았다고 표현할 정도로 성공을 거두었다.

삼성전자는 경기도 화성시 반도체 단지 2기 투자 계획에도 12인치 웨이퍼 연구 개발 라인 건설을 포함시킬 정도로, 끝없는 기술 경쟁에서 앞서 나가기 위해 투자를 계속하고 있다.

이건희 회장은 "연구 개발을 제대로 하지 않는 것은 농부가 배고프다고 종자를 먹는 행위와 같다"며 R&D를 보험에 비유할 정도로 기술 연구 개발에 투자를 아끼지 않았다.

삼성에는 삼성의 기술 연구를 책임지는 삼성종합기술원이 있다. 1987년 설립된 기술원은 1993년 이건희 회장의 신경영 선언 직후 설립이후 처음으로 그룹의 경영 진단을 받게 되었고, 이건희 회장은 1993년 1월 전자 계열 사장단 회의에서 삼성종합기술원의 역할에 대해서 이렇게 강조하였다. "기술원은 아무것도 안하고 한없이 게으름을 피울 수 있는 업종이다. 하지만 이렇게 되면 3~5년 후 그룹 전체 차원에서 몇천억 원, 몇조 원의 기회 손실이 생길 것이다."

미래를 먹여 살릴 수종 사업을 발굴하는 것이 바로 삼성종합기술원에 부여된 역할이었다. 삼성종합기술원은 그룹의 미래를 책임질 기술을 연구하는 중요 기관이었기 때문에 마땅한 인재가 없을 때는 기술원장직을 공석으로 둘 정도였다.

결국 1993년부터 1995년까지 공석이었던 기술원장에는 삼성 비서실에서 삼고초려 끝에 미국 아이오와주립대에서 공대학장까지 지냈던 교수를 초빙하였고, 이건희 회장이 "좋은 사람 뽑았다"고 직접 격려하기까지 했다. 이렇듯 이건희 회장 취임 이후는 기술 경영 풍토를 정착시키는 과정이었다.

또한 기술 경영의 기본이 되는 품질 경영을 위해 수원공장의 라인 스톱제를 도입하였다. 이는 이건희 회장이 '국내 1위 브랜드'라는 자만심에 도취해 있는 직원들에게 품질의 중요성을 일깨우기 위한 조치로, 이를 통해 삼성의 협력업체들에까지 자동적으로 품질 경영을 확산시킬 수 있었다.

라인스톱제란 생산공정에서 문제점이 발견되면 즉시 라인을 세우고 잘못 만들어진 제품을 폐기하며 불량 요인을 제거하고 나서 다시 가동하는 생산관리 방식이다. 본래 이 방식은 일본의 도요타 자동차가 도입해 성과를 거두고 있었는데 삼성은 완벽한 품질을 통한 제품의 경쟁력 확보를 위해 라인스톱제를 도입하게 되었다.

이건희 회장은 수원공장 생산 라인을 정시시키고 불량률을 조사하도록 지시했다. 세탁기, 컬러 TV, VCR, 캠코더, 전자레인지 등 모든 품목을 대상으로 불량률 조사를 실시하였고, 그 결과 컬러 TV와 VTR이 불량품을 내면서도 250억 원 이상의 흑자를 올렸다는 사실이 드러났다.

따라서 불량률을 낮출 경우 이익을 극대화할 수 있다는 결론에 도달했고 일본 제품 수준으로 불량률을 낮추는 전략을 채택하게 되었다. 이를 위해 제품의 품질에 문제가 생기면 생산, 출하, 판매를 중단하고 품질 개선 후 다시 생산 라인을 가동시키도록 하였다.

기술 경영은 기술 인력을 존중해 주는 것에서 출발한다. 이건희 회장의 1993년 신경영에도 고급 두뇌를 통한 첨단 기술 개발 의지가 잘 나타나 있다. 말하자면 21세기에 대비해 기술개발과 인재 양성에 적극 나서야 한다는 것이다. 이에 1993년 초부터 인재확보와 고급두뇌 양성에 대해 깊은 관심을 보여왔다.

삼성은 고급 기술 인력 확보를 위한 '삼성 펠로우 제도'를 운영하고 있다. 세계 최고의 기술력을 가진 S(Super)급 기술 인력을 최고 명

160

예직인 '삼성 펠로우'로 선정하여 시상하는 제도이다. 삼성 펠로우는 기술 중시와 인재 중시의 삼성 경영철학을 실현한다는 차원에서 2002년부터 운영하고 있다.

이 제도는 핵심 기술 분야의 최고 권위자로서 신수종·전략사업 등의 기술개발에 지대한 공헌을 한 기술인력을 대상으로 시행되고 있다. 특히 전문 기술분야에서 부단한 노력으로 세계 최고 기술에 도전하고 기술로 세상을 변화시킬 수 있는 인물을 삼성 펠로우에 임명하고 있다.

삼성 펠로우의 역할은 기존 전략사업의 경쟁력 강화를 위한 혁신적 기술 개발 및 핵심 기술 확보, 해당 분야의 국제적 학·협회 선도 및 기술 표준화 활동 주도, 기술·연구 개발 네트워크 구축 및 기술 협력 활성화, 미래 기술 트렌드의 전망 및 기술 전략 자문, 핵심 기술 분야의 기술인력 육성 등이다.

임명된 펠로우들에게는 그 역할을 수행할 수 있도록 본인 이름의 단독 연구실, 10억 원 수준의 연구개발비 지원과 별도 팀 구성, 국제 표준 기술을 주도하기 위한 대외 활동 지원 등 세계적 기술 보유자로서의 처우와 보상을 제공받는다.

삼성은 또한 대졸 신입사원의 70~80%를 이공계 전공자로 충원할 정도로 기술 인력 확보에 총력을 기울이고 있으며, 국내·외 연구소를 하나의 네트워크로 묶어 24시간 잠들지 않는 연구 체제를 구축하고 있다. 또한 삼성종합기술원과 계열사 연구소, 사업부 개발실 등 3원화된 연구 개발 체제를 가동하며 디지털, 광, 나노, 바이오, 에너지 등 5대 분야의 기술 플랫폼을 바탕으로 미래 원천기술 확보에 힘을 쏟고 있다.[1]

기술 경영을 통한 글로벌 브랜드로의 도약

최고의 기업이 되기 위해서는 반드시 기술력이 뒷받침되어야 한다. 기업 경쟁력의 핵심은 고객이 원하는 욕구를 보다 잘 해결해 줄 수 있는 해결책을 제시하는 데 있으며, 이러한 해결책을 제시할 수 있는 근간에 연구 개발이 있다. 세계적인 브랜드들은 기술 개발을 통해 끊임없이 진화해 나가고 있다. 환경은 급변하고 있고, 소비자들은 새로운 환경에 적합한 브랜드를 찾고 있다. 따라서 과거의 기술로 경쟁력을 유지한다는 것은 불가능한 일이다.

핵심 경쟁력에는 기술 기반의 경쟁력과 과정 기반의 경쟁력이 있다고 한다. 소니의 소형화 기술, 캐논의 정밀 기계기술, 광학기술, 혼다의 엔진 관련 기술 등이 대표적인 기술 기반의 핵심 경쟁력이다. 기술 기반의 핵심 경쟁력을 보유하고 있으면 경쟁사들과의 경쟁거리를 안정적으로 유지할 수 있다.

글로벌 기업들은 다양한 방법으로 기술혁신을 시도하고 있다. 효과적인 기술 및 제품 개발을 위해 주요 선진국에 R&D 연구센터를 설립하고, 연구결과를 효과적으로 활용하기 위하여 표준화 및 특허 전략을 구사한다. 과거 강력했던 브랜드라도 새로운 문화와 기술 환경 변화에 적절히 대응하지 못하면 브랜드 파워를 잃게 된다.

면도기로 유명한 질레트의 경우 매번 신제품을 경쟁사보다 빨리 내놓음으로써 소비자들의 관심에서 벗어나지 않기 위해 노력한다.

'포스트 잇'으로 유명한 3M도 기술경영으로 성공한 브랜드이다. 3M은 연간 11억 달러를 연구 개발에 투자하고 있으며, 최근 5년간의 연구 개발비 누계는 55억 달러에 달한다. 3M은 금전적인 투자뿐만

162

아니라 연구 개발을 장려하는 기업문화로 기술 경영 분야에서 경쟁 우위를 확보하고 있다.

3M은 '상식'으로 치부되어 사장되는 신선한 아이디어를 보호하기 위한 여러 제도를 운영하고 있다. 기술직 사원은 근무 시간의 15%를 자신의 업무와 무관한 관심 분야를 자유롭게 연구하는 데 쓸 수 있도록 하였다. 나아가 3M은 총 매출액의 30%를 최근 4년간 개발한 신제품으로 달성한다는 경영목표를 설정하였는데, 이는 기존 제품의 개선이 아닌 기술 혁신을 통해 새로운 시장을 창출한다는 전략에 따른 것이다. 이를 위해 3M의 조직은 50개의 유연하고 독립적인 사업부들로 구성되어 있다.

기술 경영의 성공사례로 유명한 또 다른 기업은 캐논이다. 1933년 일본 산부인과 의사 미라따이 박사가 현미경을 만들기 위해 창업한 캐논은 오늘날 전자 복사기, 프린터, 레이저 복사기, 디지털 카메라와 같은 광학 전자제품으로 2004년 매출 333억 달러, 순이익 33억 달러의 세계적 기업으로 성장하였다. 이는 기술변화를 파악하고 기존 정밀 기계기술과 광학기술 이외에 전자기술과 소프트웨어 기술을 제휴나 특허 교차 방식으로 획득하여 상품화한 결과이다.[2]

삼성도 역시 핵심 경쟁력인 기술을 보유하고 있으며, 21세기 글로벌 브랜드로 거듭나기 위해 '기술준비경영'을 선포하였다.

특허 확대 등 표준 주도의 관건인 기술 경영의 중요성의 일환으로 삼성전자는 2005년초부터 '특허 경영'에 드라이브를 걸고 표준화 선도, 특허의 질적 확대, 핵심 인재 확보 및 양성 등 미래 생존을 위한 성장 인자 확보에 주력하고 있다. '양'이 아닌 '질' 중심의 특허 전략을 통해 미래를 대비한다는 포석인 것이다.

2005년 미국 특허 획득 자료

순 위	기 업	특허 건수
1	IBM	2,941
2	캐논	1,828
3	HP	1,797
4	마츠시다	1,688
5	삼성전자	1,641
6	마이크론	1,561
7	인텔	1,549
:	:	:

〈출처〉 삼성전자 Annual Report(2005)

삼성전자는 지난 2000년부터 '특허 내실화 방침'에 역점을 두어 지난 3년간 연구 개발비에 10조원을 투자하였고, 2004년 반도체·디지털 미디어·정보통신·LCD 등의 기술과 관련된 1,604개 품목을 미국 특허청에 등록해 세계 특허 순위 6위로 뛰어올랐다. 삼성전자는 2005년을 특허 경영의 원년으로 선포하고 2007년까지 미국 특허 등록 순위 세계 3위로 도약한다는 비전을 제시하여 기술 개발에 대한 의지를 더욱 공고히 하였다.

이렇듯 삼성의 기술 경영은 미래 기술의 패러다임을 주도해 나가겠다는 의미로 해석된다. 이는 삼성의 미래에 대한 위기감과 자신감을 동시에 내포하고 있다.

삼성은 고용량 메모리, 차세대 디스플레이, 이동통신, 디지털 TV, 차세대 프린터, 시스템 LSI, 차세대 매스 스토리지(Mass Stroage), 에어 컨트롤 시스템, 에너지, 광원, 고부가 선박, 정밀 광학기기, 전자재료 등을 차세대 성장 엔진으로 선정했다. 요약하면 지금 잘하고 있는 것은 앞으로 더욱 잘하고, 미래 시장 부문은 한발 앞서 준비하자는 전략이다.

삼성은 차세대 성장엔진 중 고용량 메모리, 디스플레이, 이동통신, 디지털 TV 등 이미 세계 선두권에 진입한 사업의 경우 2010년까지 현재의 위치를 더욱 확고히 다져나가는 한편 에너지와 광원 등 유망 사업으로 예상되는 분야는 대규모의 시장이 형성될 때를 대비해 기반 기술 경쟁력을 갖추는 데 주력할 계획이다. 이를 통해 향후 5~10년 이후의 성장잠재력 확충에 총력을 기울인다는 방침이다.

삼성은 2010년이면 '캐시카우' 월드 베스트 제품을 현재 21개에서 50개로 확대할 수 있을 것으로 자신하고 있다. 2010년 매출액은 270조원으로, 세전 이익은 14조 6,000억원에서 30조원으로 두배 가량 늘릴 계획이다. 또 브랜드 가치는 300억 달러로 세계 정상권에 진입한다는 목표를 세웠다. 삼성이 지난 2000년 인터브랜드사의 브랜드 가치평가 결과인 52억 달러와 비교한다면 10년안에 약 5배 이상 가치를 상승시키겠다는 목표이다.

'제2 창업'과 '신경영'에 몰두해온 삼성은 최근 '기술준비경영'이

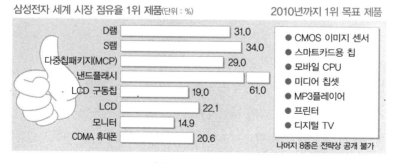

삼성전자 세계 시장 점유율 1위 제품(단위 : %)

제품	점유율
D램	31.0
S램	34.0
다중칩패키지(MCP)	29.0
낸드플래시	61.0
LCD 구동칩	19.0
LCD	22.1
모니터	14.9
CDMA 휴대폰	20.6

2010년까지 1위 목표 제품

- ● CMOS 이미지 센서
- ● 스마트카드용 칩
- ● 모바일 CPU
- ● 미디어 칩셋
- ● MP3플레이어
- ● 프린터
- ● 디지털 TV

나머지 8종은 전략상 공개 불가

〈출처〉 한국일보(2005. 11. 9)

목표	월드베스트 제품 50개
	매출액 270조원
	세전이익 30조원
	브랜드 가치 300억달러

전략	향후 5년간 R&D 47조 투자
	향후 5년간 연구인력 3만명 채용
	고용량 메모리, 차세대 디스플레이, 에너지, 광원, 고부가선박 등 13개 차세대 성장엔진 집중 육성
	협력업체 1.2조원, 산학연 4조원 지원

〈출처〉 이데일리(2005. 11. 08)

라는 새로운 화두에 매진하고 있다. 이건희 회장은 이렇게 말했다.

"이제 우리는 기술개발은 물론 경영시스템 하나하나까지 스스로
만들어 나가야 하는 자신과의 외로운 싸움이 시작되었다. 이 순간
자칫 방심하거나 현실에 안주한다면 순식간에 산 아래로 떨어지
게 될 것이다. 삼성의 힘이요, 삼성 신화의 바탕인 인재와 기술로
새로운 미래를 준비해야 할 것이며, 우리의 미래를 결정지을 신수
종 사업을 찾아 희망의 씨앗으로 키워나가야 한다."

이 회장의 이와 같은 언급은 글로벌 기업들과의 사활을 건 치열한
기술경쟁에서 승리하려면 다른 기업을 모방하는 '신속한 추종자(Fast
Follower)'가 아니라 혁신적인 기술로 라이프 스타일을 변화시키는
혁신자(Innovator)가 되어야 하고, 그러한 기업만이 진정한 초일류

프리미엄 브랜드가 될 수 있음을 강조한 것이다.

'기술준비경영'이란 변화하는 환경에 단순히 대응하는 정도를 넘어 미리 상황을 내다보고 미래를 자신의 의지대로 이끄는 '선제적 (Proactive)' 경영을 의미하며, 삼성의 '기술준비경영' 선언은 삼성만의 혁신적 기술로 세계시장을 리드하겠다는 의지의 표현이다.

디자인 경영

1997년 발간된 이건희 회장의 에세이집 『생각 좀 하며 세상을 보자』를 보면 이건희 회장의 디자인 경영에 대한 생각을 알 수 있는 부분이 나온다.

"상품 경쟁력의 요소는 기획력, 기술력, 디자인력의 세 가지로 볼수 있다. 이것이 과거에는 각각 더해지는 합(合)의 개념이었으나, 이제는 각각 곱해지는 승(乘)의 개념이 되었다. 즉, 과거에는 세가지 결정 요소 중 어느 한 가지가 약하더라도 다른 요소의 힘이강하면 경쟁력을 유지할 수 있었다. 그러나 곱셈식으로 표시되는요즈음에는 기획력과 기술력이 아무리 뛰어나도 디자인이 약하면다른 요소까지 그 힘을 발휘할 수 없고, 결국 경쟁이 불가능해진다. 더구나 앞으로 다품종 소량생산 체제가 진전되면 고객들이 원하는 대로 하나하나 다른 제품을 만들어 제공하는 시대가 된다.

그런데 지금 우리 상품을 보면 한결같이 디자인 마인드가 있는지의구심을 갖게 된다. 아직도 우리는 디자인이란 제품을 기술적으로 완성한 뒤 거기에 첨가하는 미적 요소로만 여기고 있다. 한국의 문화가 배고 자기 회사의 철학이 반영된 디자인 개념을 정립하는 작업을 그야말로 혁명적으로 추진해 나아가야 한다. 그러지 않으면 더욱 치열해지는 경제 전쟁에서 배겨날 수 없다.

경영자는 젊은이들과 자주 대화하고, TV인기 드라마도 보면서 유행을 알고 디자인 감각을 키워야 한다. 또 개별 제품의 디자인에 대해서는 전문가 의견을 존중해서 섣불리 간섭하지 말아야 한다. 10대들이 쓸 상품 디자인을 50대 경영자가 결정하는 경우가 있는데, 이는 자칫 선무당이 사람 잡는 결과를 가져온다. 디자인력을 높이는 데 가장 중요한 것은 디자이너의 수준이다. 일본의 마쓰시타는 디자이너를 450명이나 보유하고 있는데 같은 전자 회사인 삼성전자는 130명 수준에 불과하다.

국내·외에서 천재급 디자이너를 확보하고, 감각이 있는 청소년들을 어려서부터 디자이너로 육성해야 한다. 또 디자이너에게 세계 최고급품을 얼마든지 사서 쓸수 있는 권한을 주는 등 경영자 못지않은 영향력을 발휘하도록 해야 한다. 그래야 세계적인 경쟁력을 갖춘 명품이 나온다."

전사적 디자인 경영을 통한 브랜드 가치 창출

브랜드는 추상적인 개념으로 눈에 보이지 않는다. 이러한 브랜드

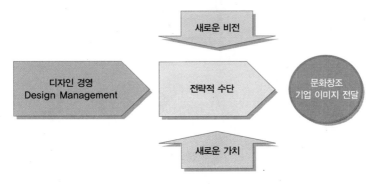

"디자인은 기업의 새로운 시장 기회를 창출하는 자원이며,
어떠한 상황 변화에도 유연하게 대처할 수 있는 핵심역량이다."

새로운 비전

디자인 경영
Design Management

전략적 수단

문화창조
기업 이미지 전달

새로운 가치

기업들이 과거에는 가격으로, 오늘날에는 품질로 경쟁을 하고 있다.
그러나 미래에는 디자인으로 경쟁하게 될 것이다.
_ 하버드대 Robert Heyes 교수

디자인 경영의 정의와 역할

를 눈으로 볼 수 있도록 하고, 만질 수 있는 실체로 만들어 주는 것이
바로 디자인이다. 따라서 브랜드를 '마음이자 생각'이라고 한다면 디
자인은 바로 '언어이자 몸짓'이라고 할 수 있다.

소비자들은 기업의 디자인 요소들을 통해 브랜드라는 기업 자산을
체험하게 된다. 브랜드 자산가치는 기업이 보유한 디자인 역량을 기
반으로 해서 형성되기 때문에 디자인 역량은 브랜드 자산가치 극대
화에 필수조건이 되고 있다.

전문가들도 "우리 사회가 디자인 경제 시대로 돌진하고 있다"고 하
면서 '디자인 경제(Design Economy)'를 핵심 화두로 던지고 있다.
디자인이 새로운 경제를 이끄는 길잡이라고 할 정도로 21세기 기업
의 핵심 경쟁력이 디자인에 달려 있는 것이다.

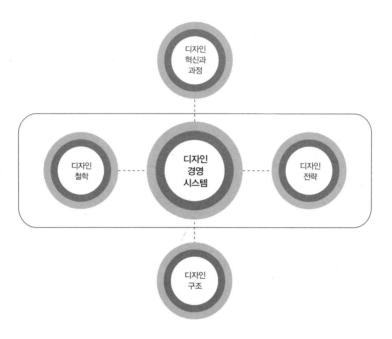

삼성 디자인 경영 시스템
〈출처〉 산업자원부 · 한국디자인진흥원(2000), 대한민국디자인대상 디자인 경영 우수사례

디자인을 기업의 모든 의사결정에 충분히 녹아들 수 있도록 경영 환경을 조성하는 것이 바로 디자인 경영이다. 다시 말해, 신상품이나 서비스의 기획에서부터 개발과 유통 등 전과정을 디자인 마인드로 관리하는 것이다. 이러한 디자인 경영을 통해 기업들은 새로운 비전과 가치, 생활문화를 창출할 수 있다. 디자인 경영이 기업들로부터 각광을 받는 것도 그것이 결합됨으로써 창의와 합리성의 시너지 효과를 가져오기 때문이다.

이러한 디자인 경영의 중요성을 누구보다 먼저 인식한 이건희 회장은 1996년을 '디자인 경영의 해'로 선포하고 디자인 경영을 전사

삼성전자 해외 디자인상 수상 제품
〈출처〉 삼성전자 Annual Report(2005)

적인 차원에서 주도하기 시작하였다. 이 당시만 해도 '디자인'은 국내 기업들에게 등한시되고 있었으며, 단지 패션의 한 부분으로만 인식되었다. 그러나 이건희 회장은 신년사를 통해 "앞으로 디자인과 같은 소프트한 창의력이 기업의 소중한 자산이자 기업 경영의 승부처가 될 것"이라며 디자인의 중요성을 강조하였고, 이를 계기로 삼성은 디자인 경영을 위해 전사적으로 움직이기 시작하였다.

삼성은 디자인 경영을 위해 체계적인 디자인 경영지침을 제정하고, 디자인 혁신을 위한 인프라 구축, 그리고 이를 위한 해외 마케팅 등 전 분야에 걸친 경영 시스템을 갖출 수 있도록 하였다.

삼성전자의 경우에는 1996년 디자인 혁명 선언을 계기로 디자인 인력을 400% 이상 보강했으며, 관련 예산을 확대하고 디자인 교육을 강화했다. 그 결과 1,000만 대 이상 판매된 일명 '이건희폰'과 벤츠폰 등 다양한 성공 자산을 갖게 되었다.

사용자 중심의 디자인 개발활동의 결과로 삼성전자는 2004년 미국 IDEA(Industrial Design Excellence Award)에서 모두 5개 제품이 상을 받아 종합 1위를 차지하였으며, 또한 2005년과 2006년에는 독

		1996	1997	1998	1999	2000	2001	2002	2003	2004	2005	계
년간 수상실적		5	8	6	8	11	26	18	17	33	62	194
IDEA(美)		1	4	2	4	3	3	5	3	5	3	33
iF	Product	–	1	3	3	4	11	5	4	8	12	51
	Communication	–	–	–	1	–	–	–	–	–	6	7
	Material	–	–	–	–	–	–	–	–	–	1	1
red dot	Product	1	2	1	–	–	1	–	–	8	15	27
	Communication	–	–	–	–	–	–	–	–	–	1	1
G Mark(日)		3	–	–	–	4	12	8	4	10	20	61
DFA(中)		–	–	–	–	–	–	–	1	2	1	4
Osaka Compe(日)		–	1	–	–	–	–	–	–	–	–	1
iF China(中)		–	–	–	–	–	–	–	5	–	3	8

〈출처〉 삼성전자 웹사이트(2006)

일의 iF-레드닷, 일본의 G-Mark, 중국의 iF 차이나 등 세계적인 권위를 자랑하는 디자인상을 석권하였다. 2005년에는 애플과 함께 최다 수상 공동 1위를 차지하기도 하였다.

제일모직은 최고 경영자가 디자인 경영을 주도하여 사양산업으로 인식되던 의류사업을 고부가가치 패션산업으로 전환시켰다. 디자인 경영을 위한 명확한 비전을 설정하고 브랜드 중심의 조직 개편과 시장 지향의 의사결정 시스템을 도입하였다. 그 결과 산자부가 주관하는 1999년 제1회 대한민국 디자인·브랜드 대상에서 우수상을 수상하였다. 특히 제일모직의 빈폴 브랜드는 고유 체크패턴을 신 제품에 지속적으로 적용함으로써 고급 브랜드로서 타 브랜드와 차별화된 빈폴 고유의 이미지를 심는 데 성공하였다.

172

삼성 에버랜드는 디자인 경영이 서비스 분야에서도 중요하다는 사실을 보여준다. 국내 최대 놀이 공원으로 뽑히며, 외국에서도 테마파크 컨설팅 의뢰가 들어오고 있는 에버랜드는 '디자인은 곧 서비스'라는 전략을 통해 에버랜드 곳곳에 디자인 경영이 배어나올 수 있도록 하였다. 특히, 선면각곡색(線面角曲色)을 중시하는 에버랜드의 디자인 원칙에 따라 고객들이 다른 곳에서 느낄 수 없는 비 일상을 접하고 고객을 배려한 공간이 될 수 있도록 주력하였다.

선면각곡색의 디자인 경영은 에버랜드 전 허태학 사장의 디자인 철학에서 비롯된 것으로 찌그러진 부분, 삐뚤어진 모양, 칙칙한 색을 바꾸는 작업이다. 선, 면, 각, 곡의 모양과 색이 나타나지 않는 디자인은 헛된 디자인으로 이들의 조화가 이루어지지 않으면 결코 편리함과 아름다움이 실현되지 않는다는 것을 강조한 것이다.

에버랜드는 이용객들이 수준 높은 디자인을 느낄 수 있도록 건축, 인테리어, CI를 포괄하는 종합적인 환경디자인, 캐릭터, 그래픽, 직원들의 유니폼까지 랜도(Landor)사를 포함한 세계 최고의 디자인 전문회사와 디자이너에게 의뢰하였다. 또한 덴마크의 티볼리 공원(Tivoli Park), 미국의 디즈니월드와 식스플래그(Six Flags)등 세계적인 테마파크를 직접 탐방하고 연구하여 에버랜드의 '팬더월드'나 '캐리비안 베이' 등의 디자인에 활용하였다. 또한 직원들이 디자인에 대한 시야를 넓힐 수 있도록 1,400여 명의 대리급 직원들을 미국과 유럽, 일본 등지로 탐방 견학을 보내기도 하였다.

이러한 디자인 경영의 결과 에버랜드의 브랜드 가치는 상승했고, 2003년에는 제5회 대한민국 디자인·브랜드 대상에서 브랜드 부문 대통령상을 수상하게 되었다.

삼성의 디자인 조직은 1969년 1월 삼성전자 수원사업장의 가전 사업 부문에 디자인 개념이 도입되면서 만들어지기 시작했다. 그리고 1971년 디자인 관련 부서가 설치되었고, 1988년에는 수원에 위치했던 디자인 조직을 문화 인프라 확충을 위해 서울사업장으로 이전했다. 디자인 조직은 1997년까지 상품기획센터의 소속이었다가 1998년 1월 디자인 연구소로 분리되었다. 2000년에는 삼성전자 디자인경영센터로 바뀌어져 현재의 모습을 갖추게 되었고, 2001년에는 디자인 경영을 담당하는 CDO(Chief Design Officer)를 둠으로써 삼성은 본격적인 디자인 경영 조직을 갖추게 되었다.[3]

특히 디자인경영센터 내에는 디자인 선행개발(Creating New Business) 그룹을 설치해, 차세대 디자인을 선도하는 시대의 아이콘을 개발할 수 있도록 지원하고 있다. 디자인 선행개발이란, 기술이나 기능 중심이 아닌 디자인 중심의 제품개발 전략으로서 기업이 상품을 개발하고자 할 때, 기술이나 마케팅에 우선하여 디자인을 먼저 개발하고 여기에 기술과 마케팅을 통합하는 것을 의미한다. 특히 삼성은 디자인 선행개발을 위해 디자인 뱅크(Design Bank) 시스템을 운영하고 있다.

삼성전자 휴대전화 '애니콜'이 바로 디자인뱅크 시스템을 통해 만들어지고 있다. 형태와 칼라, 소재, UI 등의 디자인 요소는 물론 폴더, 슬라이딩, 플립업, 카메라, MP3 플레이어, 인터넷, 멀티태스킹 등 기능적 요소들을 고려한 다양한 컨셉의 휴대폰이 선행개발되고 있으며, 이를 통해 시장의 트렌드를 선도하고 있다. 이러한 디자인 경영을 진두지휘했던 이건희 회장은 2004년 미국 경제월간지 〈패스트컴퍼니〉 '디자인의 대가 20인'에 뽑히는 영예를 안기도 하였다.

기업명	프로젝트명	내 용
삼성	디자인뱅크제	상품기획에 앞서 디자인 부문에서 선행적으로 미래사업 및 제품에 대한 컨셉을 개발하여 상품기획, 기술, 개발부서에 제시함으로써 제품 원형을 개발하고 사용자 중심의 새로운 용도와 가치를 창출하고 있다. 즉, 현재의 수요가 아닌 가까운 미래의 수요를 예상하고 상품화와 관계없이 모든 디자인 컨셉은 디자인뱅크라는 시스템에 등록되고 관리된다. 지금은 수요가 없어 보이지만 장래에 수요가 일어날 수 있는 것으로 판단되는 제품의 디자인은 모두 '디자인뱅크'에 등록되고, 실제로 수요가 발생한 시점에 상품화를 진행함으로써 경쟁사들보다 재빠르게 시장을 선점할 수 있는 장점이 있다. 또한 신제품 개발기간을 혁신적으로 단축할 수 있으며 디자인 기반 기술의 지적 재산권을 확보하는 기능까지 한다.
소니	소니 디자인 필로소피 프로젝트	소니의 디자인 철학을 증명함과 동시에 소니가 지향해야 하는 디자인상에 대한 탐구활동의 일환으로 매년 상용화 제품 개발과 별도로 창조센터(Creative Center)의 주관으로 디자인 컨셉을 개발하고 자사의 글로벌 웹사이트를 통해 발표하고 있다. 본 활동의 목적은 어린이와 같은 감성으로 새로운 창작물과 라이프스타일을 만드는 것이다.
아디다스	Adidas Innovation Team(AIT)	오로지 운동선수 또는 일반적인 사용자들의 관점에서 자신들의 제품들이 어떤 기능을 하고 있는지에 대한 관심과 거기에서 필요로 하는 디자인 컨셉을 개발하는 것에만 집중한다. 이는 차기 제품개발을 위한 새로운 제안이 될 수도 있고 디자인 분야만이 아니라 컨셉 지향적인 기술개발도 유도하는 장점이 있다.
필립스	Vision of the Future	1996년까지 3년에 걸쳐 개발된 vision of the future 프로젝트는 미래 10년을 예측하고 정보화 시대에 대비한 혁신적 제품 디자인으로서 디자인을 통한 기업의 목표달성과 새로운 가치 창조를 할 수 있었다.

〈출처〉 산업정책연구원(2007), 선행디자인 개발사업 신규도입 타당성 조사 및 평가관리체계 연구개발

디자인 경영을 통해 월드 프리미엄 브랜드로

삼성의 디자인 경영 역사는 1996년 '디자인 혁명의 해' 선포 이전인 1993년으로 거슬러 올라간다. 이건희 회장은 1993년 '신경영'을 주창하며 핵심 요소 중 하나로 디자인의 중요성을 제기했고, 1989년부터 약 10년간 삼성전자의 디자인 고문을 맡았던 교토 공예섬유대학의 후쿠다 교수가 삼성전자 디자인의 문제점을 지적한 '후쿠다 보고서'를 전 간부에게 읽도록 하는 등 디자인을 강조하기 시작했다.

이후 이건희 회장은 1996년 신년사에서 "기업 디자인은 상품의 겉모습을 꾸미고 치장하는 것에서 한걸음 더 나아가 기업의 철학과 문화를 담아야 한다"며 "기업 경쟁력 또한 가격과 품질의 시대를 거쳐 21세기는 디자인 경쟁력이 기업 경영의 승부처가 될 것"이라 강조하면서 '디자인 혁명'을 선언하였다.

이의 일환으로 1997년부터 삼성인상 디자인 부문을 신설, 매년

경영과 디자인

경영자측	디자인측
디자인의 중요성은 머리로 이해가 가능하다.	경영자는 디자인을 이해하려고 하지 않는다.
디자인의 경영적 공헌도는 계량화될 수 없다.	경영자가 디자인의 중요성을 이해하고 있는 것 같아도 사내적으로 승진이나 승격이 적고, 제대로 평가해 주지 않는다.
디자인의 부가가치를 구체적으로 알 수 없다.	디자인측에서 확실한 설득력을 가져야 한다.
디자인측에서 더 적극적인 홍보 활동을 하여 전사적으로 이해를 구해야 한다.	일류 회사는 타부문도 디자인에 대해 공부하여 스스로 이해한다. 디자이너 이외의 사람도 노력해야 한다. 디자이너들의 홍보 노력에는 한계가 있다.

〈출처〉 후쿠다 보고서

2005년 밀라노 4대 전략

1. 독창적 디자인, UI 아이덴티티의 구축
누가 언제 어디서 봐도 한 눈에 삼성 제품임을 알 수 있도록 삼성 고유의 철학과 혼을 반영하는 아이덴티티를 담은 독창적 디자인과 UI(User Interface, 제품 사용을 용이하게 하는 모양, 재질, 버튼 등의 배치) 체계를 구축한다.

2. 디자인 우수 인력 확보
이태리의 특급 디자이너의 말 한마디가 세계·패션 디자인을 주도하는 것처럼 소프트 경쟁 시대에는 인재가 곧 경쟁력인 만큼 국적, 성별 등을 가리지 말고 디자인 트렌드를 주도할 정도의 천재급 인력 확보, 디자인 인력들의 역량을 체계적으로 강화한다.

3. 창조적이고 자유로운 조직문화 조성
천재급 인력을 유지하고 육성하기 위한 자유롭고, 유연한 조직문화와 창조성과 독창성이 존중받는 분위기와 지원 시스템을 조성한다.

4. 금형기술 인프라 강화
제품 디자인 차별화의 기본요소로 금형기술 인프라를 강화하고, 협력업체와 유기적으로 연결한다.

〈출처〉 삼성 웹사이트 삼성역사관(2006)

우수 디자이너를 선발해 1직급 특진과 5천만원 상금 등 파격적 보상을 함으로써 동기부여와 함께 디자인의 중요성을 반영하고 있다. 그 결과 해마다 그래픽, 패션, 제품 디자인 등 다양한 부문이 출품돼

1993년	신경영 선포
1995년	SADI, IDS 설립
1996년	디자인 혁명의 해
1997년	디자인상 제정
2000년	디자인 우선 경영, 디자인 경영 센터 분리 경영
2005년	제2의 디자인 혁명: 밀라노 선언
2006년	금형기술센터 설립

삼성의 디자인 경쟁력 수준을 높여 가고 있다.

2000년도에는 '디자인 우선 경영'을 선포하면서 다시 한번 디자인의 중요성을 강조하였으며, 2005년 4월 이탈리아 밀라노에서 주재한 전략회의에서 이른바 '밀라노 선언'을 발표하게 된다. 세계 일류 브랜드를 넘어 월드 프리미엄 브랜드로 도약하기 위해서는 제2의 디자인 혁명이 필요하다는 것이 이 선언의 요지였다.[4]

밀라노 선언은 세계적인 프리미엄 브랜드로서 삼성의 이미지와 선호도를 제고하자는 '프리미엄 전략'으로 연결되었다. 최고 경영진에서 현장 사원에 이르기까지 디자인의 의미와 중요성을 새롭게 인식해, 삼성 제품을 세계적인 명품을 만들자는 것이다.

'프리미엄 전략'으로 요약되는 밀라노 디자인 전략은 첫째, 삼성만의 아이덴티티가 느껴지는 디자인, 사용자를 고려한 디자인이 필요함을 강조하고 있다. 특히 이건희 회장은 "소니나 벤츠는 멀리서 봐도 소니나 벤츠임을 알 수 있는데 삼성 제품은 모방만 하다 보니 삼성만의 아이덴티티가 없다"고 지적한 바 있다. 따라서 제품 하나하나

Best5 디자이너 시상	디자이너의 자긍심 및 도전 의식 고취를 위해 매년 Best5 디자이너를 선정하여 시상하고 인사 특전을 부여.
MDI (Marketing Development Incentive)	히트 상품 개발 등 성과에 대해 별도의 인센티브를 부여하는 제도.
삼성디자인상	1997년 삼성디자인상 제정. 년 1회 그룹 내 디자인 공모전을 개최하여 1직급 승격을 포함한 파격적인 혜택을 제공.
우수 제안 디자인 포상	매년 상·하반기에 걸쳐 우수 제안 디자인 및 국제 디자인상을 수상한 디자이너에 대한 포상.

그리고 서비스 단계마다 삼성만의 아이덴티티가 느껴질 수 있도록 디자인을 강화하자는 것이다.

디자인은 기업이 창출하고자 하는 기업 이미지를 표현하는 역할을 하고 있다. 예를 들면, 세계적인 패션 디자이너인 조르지오 아르마니(Giorgio Armani)는 캐주얼웨어 전문점에서 모든 종류의 패키지를 재생용지로 사용하여 기업이 환경보호에 대한 관심이 높다는 것을 표현하고 있고, 바디샵은 자연사랑 및 사회 환원에 대한 기업의 사회적 책임을 강조하는 자사의 브랜드 철학을 시각적으로 적절히 이미지화 전달하고 있다. 그리고 소니의 경우 전 세계 매장마다 '소니 스타일'이라는 간판을 내걸고 소니가 파는 것은 첨단 전자기술뿐만 아니라 소니다운 스타일이라는 의미를 전달하고 있다.

이와 같이 삼성도 삼성만의 아이덴티티가 녹아 있는 디자인으로 세계 어디에서든 삼성 제품임을 알 수 있도록 하자는 것이 프리미엄 전략의 첫째 목표이다.

둘째, 디자인 우수 인력 확보와 이에 대한 투자를 들 수 있다. 삼성의 이러한 노력의 대표적인 것이 SADI(Samsung Art & Design Institute)와 IDS(Innovative Design Lab of Samsung)이다. 디자인 수준이 열악한 국내 상황에서 디자인 교육의 중요성을 간파한 삼성은 1995년 SADI와 IDS를 설립했다. SADI는 외부 학생을 대상으로 국제적 기준(Global Standard)의 디자이너를 양성하는 곳이며, IDS는 삼성 내 디자이너를 대상으로 수준 높은 양질의 재교육 프로그램을 운영하는 곳이다. 2000년엔 SADI와 IDS가 MIB(Model for Innovative Business)로 통합되어, 디자이너들의 창의성을 제고시키는 핵심 역할을 담당하고 있다.

해외에도 디자인 거점을 마련해 젊은 디자이너들을 유학시켜 학습할 수 있는 기회를 제공하고 있다. 현재 삼성의 MIB 디자인 교육 프로그램은 디자이너뿐만 아니라 다양한 분야 전문가들이 한 팀으로 묶여져 운영되고 있어 자체 부서에서 해결하기 어려운 과제를 공동으로 수행할 수 있게 하고 있다.

셋째, 조직 내에 창조적인 디자인 문화가 구축될 수 있도록 한다는 것이다. 이를 위해 세계 유수 기업의 디자인 고문을 초빙하여 디자인 이념과 지침을 새롭게 정비하고, 디자인 선행개발, 혁신적 디자인의 히트상품 개발, 지적 재산권 확보 및 산학협동의 활성화, 그리고 디자인에 대한 CEO의 관심 제고를 위해 노력하였다. 그리고 무엇보다 디자이너들이 제품 개발 전과정에 참여하는 시스템을 구축하였는데, 디자이너가 사전 리서치는 물론 디자인 원형 개발, 브랜드 매니지먼트, 패키지, 광고 등에 주도적으로 참여하게 하였다. 이는 디자이너의 역할이 개발된 제품의 외양을 꾸미는 것이 아니라는 것에서 출발한다. 이러한 맥락에서 삼성물산 건설부문도 디자인헤드쿼더 조직인

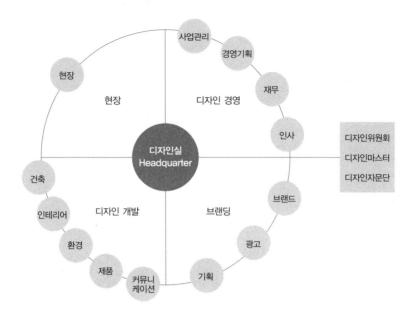

삼성물산 디자인실 운영 체계

〈출처〉 산업자원부 · 한국디자인진흥원(2006), 제8회 대한민국디자인대상 연감

디자인실을 신설하여 강력한 디자인 리더십을 구축하고 있다.

또한 삼성은 LA, 샌프란시스코, 런던, 도쿄, 밀라노, 상해 등 6개 도시에 디자인연구소를 운영하면서 글로벌 감각을 키우고 있다. 밀라노에서는 장인들이 만드는 명품의 가치를, 런던에서는 디자인 전략을, 미국에서는 디지털 시대의 트렌드를, 그리고 일본에서는 제조 기술의 경쟁력인 사용성과 끝마무리를 벤치마킹한다는 전략의 일환이다.

넷째, 제품 디자인의 차별화를 뒷받침하는 금형기술 인프라의 중요성을 강조한다. 프리미엄 제품을 만들기 위해서는 소재와 제품 품질, 디자인 등 모든 면에서 세계 최고가 되어야 하지만 가전 제품의

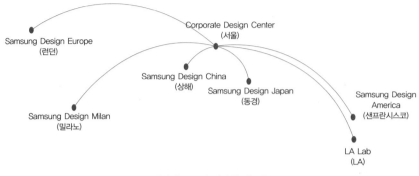

Samsung Design Europe
(런던)

Corporate Design Center
(서울)

Samsung Design China
(상해)

Samsung Design Japan
(동경)

Samsung Design
America
(샌프란시스코)

Samsung Design Milan
(밀라노)

LA Lab
(LA)

삼성의 글로벌 디자인 네트워크

외형틀을 만드는 금형 기술이 뒷받침 되지 못하면 최고의 제품을 만들 수 없다. 즉, 유능한 디자이너가 다양한 스타일의 디자인을 현실화하려면 그 만큼 금형 기술도 뒤따라야 한다. 2006년 3월, 삼성전자는 협력업체들의 금형기술을 지원하기 위해 대규모의 금형기술 센터를 설립하였다.

세계의 유수 기업들은 브랜드 파워를 강화하기 위해서 디자인을 전략적으로 활용하고 있다. 글로벌 브랜드인 필립스는 '제품 성공의 여부는 디자인이 80%를 차지한다'라는 슬로건 하에 디자인 경영을 강조하고 있으며, 애플 컴퓨터(Apple Computer)는 감성적 디자인 전략으로 1996년 도산 직전에서 회생할 수 있었다. IBM도 '굿디자인이 굿비즈니스'임을 강조하며, 디자인 선도기업으로 자리매김하고 있다. 이들 기업처럼, 삼성도 '사용자에서 출발해 내일을 담아 내는 디자인'이라는 삼성의 디자인 철학을 실현하기 위해 다양한 노력을 기울이고 있다.

'삼성'을 명품 브랜드, 시대의 아이콘으로

1989년부터 약 10년간 삼성전자의 디자인 고문을 맡았던 후쿠다 교수는 "삼성의 디자인 역량이 크게 성장할 수 있었던 것은 5년 후를 내다본 중기 목표를 세운 후 그것을 토대로 단기적인 전략을 잘 이끌어 왔기 때문"이라고 했다.

삼성은 이제 고객 지향적이고 미래 지향적인 디자인 철학을 기반으로 혁신적 디자인 개발에 역량을 집중하고 있다. 삼성은 서울에 UCD연구소(User Centered Design Lab)를 운영하고 있는데, 여기서는 일반 생활공간과 비슷한 환경을 마련하고 고객들이 제품 사용에서 겪는 다양한 경험을 테스트하고 관찰하여 고객을 생각한 제품을 디자인할 수 있도록 하고 있다.

2003년 하반기에 출시된 삼성전자 휴대폰 E700모델은 노르웨이의 일간지 〈아프텐포스텐(Aftenposten)〉 지로부터 '벤츠'와 닮았다는 찬사를 받았다. 신문은 자동차와 휴대폰을 비교한 특집 기사를 통해 구매자의 사회적 지위와 부를 상징한다는 점에서 E700모델이 벤츠와 유사하다고 평가했다. 이를 계기로 E700모델은 '벤츠폰'으로 이름 붙여져 유럽시장에서 명품 휴대폰의 아이콘이 되었다. 삼성은 E700모델처럼 시장을 선도할 수 있는 시대의 '아이콘'을 만들어 내는 데 역량을 집중하고 있다.

삼성은 또한 디자인 경쟁력을 강화하기 위해 다양한 전략적 제휴를 추진하고 있다. 삼성전자는 앙드레 김과 프리미엄 생활가전 디자인 분야의 제휴를 하였고, 이탈리아 종합가구 업체인 FEG그룹의 주방기구 계열사인 실바라니와도 제휴를 하였다. 오디오 전문업체 뱅

앤올룹슨과는 휴대폰 공동 개발을 추진하였다. 이러한 특정 분야 최고 전문가나 업체와의 제휴 전략은 고객들은 삼성 제품이 최고의 제품이라는 인식을 심어주기 위한 것이다.

소비자가 제품을 선택하기까지 걸리는 시간은 0.6초에 불과하다고 한다. 삼성은 0.6초 찰나의 순간 소비자들을 매료시킬 수 있는 제품을 디자인하기 위해 전사적 디자인 경영을 시행하고 있는 것이다.

삼성의 디자이너들은 사용자 중심의 가치를 창출하고 새로운 라이프 스타일을 창출하는 창조자(Creator)로서 역할과 브랜드 가치를 제고하는 혁신자(Innovator)로서의 역할을 부여받고 있다. 삼성에 있어 디자인은 단순히 상품 개발의 보조적 요소가 아닌 브랜드력을 결정짓는 핵심 자원으로서 경영의 중심축에 위치하고 있다.

글로벌 경영

글로벌 경영은 경제 활동 무대를 특정 국가에 국한하지 않고, 세계 시장을 대상으로 하는 경영을 말한다. 글로벌 경영을 추구하는 목적은 전 세계에 분산되어 있는 자원들을 효율적으로 확보하고 활용하는 것이다. 이러한 글로벌 경영을 성공적으로 수행하기 위해서는 지역시장에서의 토착화와 브랜드 인지도 구축이 필수적으로 이루어져야 한다.

영국 경제 전문지 〈파이낸셜타임즈〉는 "앞으로 'Made in Italy'에서 'Made by Prada'로 바뀔 것이다"라는 프라다 CEO 파트리치오 베트텔리의 말을 인용하면서 글로벌 브랜드의 영향력에 대해 크게 다룬 바 있다.

한편『벌거벗은 경제학』의 저자 찰스 윌런은 "미국의 스포츠 용품 업체 나이키가 베트남에서 싸게 만들어 미국에서 비싸게 팔 수 있는 것이 브랜드의 힘"이라고 강조하였다. 이는 브랜드력이 글로벌 경영의 성공 요건임을 의미한다.

삼성의 글로벌 경영에 대해서 전 세계 언론의 관심이 집중되기 시작된 것은 2002년 상반기부터였다. 2002년 4월 〈뉴스위크〉는 삼성을 한국 경제의 견인차로 평가하면서 한국사회에서 삼성이 가진 영향력과 의미, 그리고 삼성 경쟁력의 원천을 다각적으로 해석한 특집 기사를 내놓았다. 또한 같은 해 6월에는 〈월스트리트 저널〉이 삼성을 심층 취재 보도했다. 표면적으로는 영화 '스파이더맨'에 등장한 맨하탄 타임스스퀘어(Times Square)의 삼성 광고판에 얽힌 소송을 다룬 기사였지만, 그 주된 내용은 세계 시장의 다크호스로 떠오른 삼성의 약진이었다.

영화 '스파이더맨'의 삼성 로고 노출 장면

영화 '스파이더맨'에는 삼성 광고판이 무려 4차례나 노출되었다. 스파이더맨이 뉴욕의 심장부인 맨하탄 빌딩숲을 이리저리 누비는 장면에서 타임스스퀘어 광고판에 설치된 삼성 광고가 선명하게 드러났다. 광고효과 측면에서 수백억원을 충분히 상회하는 이득을 거둔 이 장면을 놓고 타임스퀘어 빌딩 소유주들과 컬럼비아 영화사간에 소송까지 제기되었다. 컬럼비아 영화사의 대주주는 삼성전자의 경쟁사인 소니였는데, 컬럼비아사가 삼성광고를 〈USA Today〉 신문광고로 변조했다는 이야기가 나돌면서 건물 소유주들이 소송을 제기했던 사건이었다.

이건희 회장은 2003년 경영 방침을 글로벌 경쟁력 확보로 정하고 역량을 집중할 것을 강조하였다. 글로벌 경영을 적극 추진해 세계화 흐름에 주도적으로 참여하고, 세계 곳곳에 제2, 제3의 삼성을 만들어 가는 한편, 미주와 유럽, 중국의 시장을 확대하고 인도와 동유럽과 같은 잠재 시장을 개척하자는 것이 이건희 회장의 구상이었다.

세계 곳곳에 제2, 제3의 삼성을 만들자[5]

이건희 회장은 1993년 프랑크푸르트 회의중, "현지의 문화를 인정하고 흡수하면서, 우리 문화도 공존 공영해야 한다. 같이 크자, 서로가 좋도록 하자는 뜻이다"라고 글로벌 삼성의 의지를 천명한 바 있다.

세계 제2, 제3의 삼성을 만들기 위해서는 글로컬라이제이션 (Glocalization)이 필수적이며 이를 위해서는 기업 활동의 현지화가 중요한 과제이다. 삼성은 물적 투자보다는 가치관이 수반된 심적 투자에 의해 성패가 좌우된다는 판단 하에 종합적이고 체계적인 계획을 세워 실행해 오고 있다.

세계 경제의 성장 거점으로 떠오르는 동남아 시장을 공략하기 위한 전략적인 현지화 노력 중 하나가 '삼성 시티(Samsung City) 프로젝트'이다. 삼성전자는 그 동안 일요 에어로빅 교실운영, 연 100만 명이 입장하는 반둥 동물원 내 입간판 설치 지원, 중고생 대상 컴퓨터 교육 및 삼성넷 센터 운영, 지역 학생 장학금 지급 등 다양한 사회공헌 활동을 벌였고, 이를 통해 해당 지역에서 높은 브랜드 인지도를 얻고 있다.

말레이시아 수도 인근의 셀렘방 공업단지 내 위치한 삼성복합단지에 들어서면 가장 먼저 방문객을 반기는 대형 조형물과 만나게 된다. 11.5cm 높이의 대형 삼성 비전 게이트(Samsung Vision Gate)이다. 말레이시아에 진출한 삼성의 지속적인 성장, 임직원들의 자긍심과 화합, 그리고 삼성과 말레이시아의 긴밀한 유대감에 대한 의지를 한데 모아 세워진 비전 게이트는 매년 새로운 성공의 역사를 써나가고 있는 말레이시아 삼성 복합단지를 대표하는 상징물로 자리잡아 가고 있다.

삼성SDI 말레이시아법인은 매출, 수익과 같은 경영실적뿐만 아니라 현지화 수준, 사회 공헌 활동 등 여러 가지 면에서 가장 성공적인 해외시장 진출 사례 중의 하나로 꼽히고 있다.

지난 1991년 공장 가동 6개월만에 흑자를 실현하며 일찌감치 새로운 성공신화의 서막을 알렸던 SDI 말레이시아 법인은 설립이래 줄곧 질을 기본으로 한 전략적 사업 확장을 통해 2004년 5억 6,800만 달러 규모의 매출을 올렸다.

탁월한 경영성과와 함께 삼성SDI 말레이시아 법인은 현지 임직원과 지역사회를 배려하는 한 차원 높은 수준의 현지화를 통해 최우수 기업상 2회 수상을 포함, 말레이시아 4대 국가 대상을 모두 수상하는 최초의 기업으로 명성을 날리고 있다. 말레이시아 수상을 비롯한 각 부처 장관 등 주요 VIP의 필수 방문 코스가 될 정도로 높은 관심의 대상이자 벤치마킹 대상이 되고 있다.

성공비결 중 하나는 SDI 말레이시아법인의 철저한 현지화 전략과 현지인의 삼성화 전략이다. 사업초기부터 철저한 현지인 위주의 운영체계를 확립했다. 한국에서 유학 중이던 말레이시아 한국 유학생들을 공장 설립이전부터 채용해 현지 공장의 중추적 역할을 담당케 하였고, 현지 채용 직원은 모두 삼성SDI 부산공장에서 생산 전반에 대한 교육을 받게 했다. 또한 협력업체를 현지 업체 중심으로 구성해 현지화에 대한 의지를 분명히 하였다.

1996년초 SDI는 760만 달러를 투자해 공장 내 최신 시설의 대규모 기숙사를 건립했다. 공장 내 기숙사 건립은 말레이시아 최초의 일로 임직원들의 높은 호응을 받은 것은 물론 말레이시아 국가적인 관심사가 되기도 하였다. 당시 말레이시아 총리가 공장 기숙사를 방문하고서 최신 시설에 감명을 받아 장관들에게 공장 방문을 지시할 정도였다. SDI는 또한 사내 커뮤니케이션 강화를 위해 영어와 말레이시아어로 사보를 발행하고, 사내 방송을 운영하고 있다.

삼성SDI 말레이시아 법인은 현지인들에게도 가장 성공한 외국계 기업 중 한 곳으로 꼽히고 있다. 1992년 문을 연 SDI 말레이시아법인이 현지인들에게 우호적 기업으로 각인된 것은 어느 외국계 기업보다도 공격적인 사회공헌 프로그램을 통해 지역사회에 많은 기여를 해왔기 때문이다.

이슬람교를 믿는 말레이계가 전체 인구의 60%를 차지하는 이곳은 정서상 '자선'을 가장 중요한 기업의 덕목으로 여기는 문화를 가지고 있다. 말레이시아 수도 콸라룸푸르에서 승용차로 한시 간 정도 떨어진 렝겡(Lenggeng) 주립공원 입구에는 렝겡공원과 함께 '삼성공원'이 병기되어 있는데, 말레이시아 네제리 셈빌란 주정부가 이 공원이름을 '삼성공원'으로 새롭게 명명한 것은 지난 1999년이다. 삼성 직원들이 지난 1997년부터 2년간 황폐한 밀림공원에서 정화활동을 펼쳐 주민들이 다시 찾아오게 한 노력을 기린 것이라고 한다.

또 하나의 현지화 성공사례로 꼽히는 곳 중 하나가 미국에 있는 삼성오스틴반도체이다. 37만 평의 광활한 땅에 1만 8,600여 평의 웅장한 회사 건물이 들어서 있다. 1996년 4월 착공해 1997년 7월에 완공된 이 회사는 지금은 삼성 반도체 제품의 10%를 생산하고 있다. 미국에 진출한 해외 반도체 업체들이 매각 또는 폐쇄되었지만(일본의 도시바는 마이크론에 매각, NEC는 축소, 후지쓰는 폐쇄), 이 기업만이 살아남을 수 있었던 것은 현지화의 성공에서 찾아볼 수 있다.

현지 주민들과 일체감을 갖기 위한 조직적이고 지속적인 노력 때문이다. 이 회사 직원 1,000여 명 중 한국인은 관리직 20여 명 뿐이다. 나머진 모두 현지인이다. 미국 유수 대학 우수 대학생을 해마다 공채로 채용하면서 현지인을 삼성맨으로 육성하고 있는 것이다. 공장 건설 초기 오스틴의 한 방송국 토크쇼에서 한국의 노동 착취 기업이 오스틴에 온다는 우려를 나타내는 방송이 나가자 현지 주민들이 방송국으로 몰려가 사과를 받아낼 만큼 현지 주민과 밀착되어 있다.

삼성이 전략적 시장으로 꼽고 있는 중국 시장에는 2002년 현재 삼성전자, 삼성SDI, 삼성코닝, 삼성물산, 삼성중공업, 삼성테크윈, 제일기획, 삼성SDS, 삼성화재, 삼성엔지니어링 등이 진출해 있으며 생산 법인 23개, 기타 법인 7개 등 76개의 거점이 베이징과 톈진, 선전,

중국삼성 중국 최우수 사회공헌 기업 선정 시상식
〈출처〉 삼성 웹사이트 프레스룸

광저우, 쑤저우 등지에 자리잡고 있다. 거대 시장인 중국의 문을 열기 위해 삼성은 중국 진출시 기업의 체질 자체를 중국화하였으며, 중국 전문가를 집중 양성해 인적 자원의 네트워크를 구축하고 있다.

삼성은 또한 다양한 사회공헌 활동을 통해 기업 이미지를 높이고 있다. 양로원과 고아원 지원, 빈민 구제 같은 다양한 사회공헌 활동은 중국인들에게 삼성에 대한 좋은 인상을 심어주고 있다.

한편 삼성은 적극적인 수출 노력을 통해 중국 정부 정책에 부응할 뿐 아니라 성실한 세금 납세자, 중국 인재 양성의 조력자로서 책임을 다함으로써 중국 발전에 기여하는 기업이라는 인식을 다져나가고 있다. 이러한 활동 결과 중국삼성은 중국 제2대 당보인 〈광명일보(光明日報)〉가 주최하는 광명공익상 수상 다국적 기업 중에서 2005에 이어 2006년에도 최우수 사회공헌 기업상을 수상하였다.

이렇듯 삼성의 지속적인 현지화 노력과 사회 공헌활동, 그리고 제품 및 브랜드의 우수성을 통해 해당 국가 국민들이 좋아하는 현지 기업으로 확실한 기반을 구축하고 있다.

이제 'Made by Samsung'이다

2006년 삼성은 글로벌 브랜드 전략 추진 1기를 마무리 짓고, 제2기 전략을 전개하면서 '이매진(Imagine)'을 키워드로 한 프리미엄 브랜드 이미지 구축과 아이콘(Iconic) 브랜드 위상 확보를 주요 목표로 설정하였다. 아이콘 브랜드란, '운동화＝나이키', '자동차＝벤츠'처럼 어떤 카테고리를 떠올릴 때 가장 먼저 생각나는 브랜드를 뜻한다.

전 세계 소비자들이 '삼성'이라는 브랜드는 알고 있지만 '전자제품＝삼성'이라는 등식을 자연스럽게 떠올릴 수 있는 수준까지 도달하지 않았기 때문에 삼성전자는 소니를 딛고 전자업계 '아이콘' 브랜드로 자리잡기 위한 다각도의 노력을 기울이고 있다.

삼성은 휴대폰하면 '삼성', TV하면 '삼성'을 떠올릴 수 있게 하는 아이콘 브랜드 확립에 주력하면서 점차 전 계열사의 제품과 브랜드 이미지를 접목시켜 나간다는 전략을 세우고 있다. 특히 차별화된 기술과 품질, 첨단 디자인을 앞세운 프리미엄 글로벌 브랜드 전략에는 변함 없는 자신감을 나타내고 있다.

이러한 자신감은 최근 삼성전자가 델의 TV 납품요구를 거절한 예에서 잘 나타나 있다. 델에 납품하는 물량 자체가 시장점유율 측면에서 무시할 수 없고, 델은 이미 삼성전자의 주요고객이라는 점에서 '거절' 사건은 과거에는 상상하기 조차 힘든 것이었다. 삼성전자는 미국 시장에서 더 이상 OEM(주문자상표부착방식) 메이커가 아니라는 것을 선언한 셈이다.

여러 가지 이유가 있지만, 유통 채널이 중복돼 고객에게 혼돈을 줄 수 있어 삼성의 미래 전략에 부합하지 않는다는 것이 주요 배경이다. 이는 바로 삼성전자의 '자신감'에서 나온 결과이다. 델과 같은 메이저에 종속되지 않더라도 독자적으로 생존할 수 있다는 자신감이 과거와는 다른 모습으로 나타난 것이다. 델의 요구를 놓고 북미 총괄 내부적으로도 찬반양론이 많았다고 한다. 그러나 북미 총괄은 '거절' 의견을 본사에 보냈고, 본사에서는 그대로 수용하였다.

뉴욕 맨하튼 8가 42번 거리는 맨하튼 시내에서도 가장 번화한 곳 중 하나다. 휘황찬란한 네온사인 속에서 '이지웨이'라는 간판이 눈에 띈다. 2개 층으로 이루어진 미국 최대 규모의 인터넷 카페로 수백대의 모니터가 설치되어 있고 시간당 1달러에 인터넷 서핑을 즐길 수 있다. 이곳 인터넷 카페에 있는 수백대의 컴퓨터 모니터마다 모두 'SAMSUNG'이라는 로고가 선명히 찍혀 있다.

이지웨이는 영국에 본사를 두고 있는 인터넷 카페 체인점이다. 이지웨이가 글로벌 체인점을 준비 중이라는 정보를 삼성전자 영국 법인이 파악했고, 삼성전자 뉴저지의 북미총괄과 어바인의 모니터 판매법인은 이 같은 정보를 바탕으로 치밀한 납품 작전을 수립했다. 빠른 피드백과 신속한 의사결정에 힘입어 결국 삼성전자가 최종 납품사로 결정되었다. 납품 조건 중엔 모니터를 켤 때 삼성이라는 로고가 화면에 뜬다는 내용이 포함되었다. 2003년 현재 삼성전자는 미국내 이지웨이 체인점에만 2,000여대가 넘는 모니터를 납품했다.[6]

삼성은 1990년대까지만 해도 저가 시장을 공략하는 저가 브랜드로 인식되어 있었다. 그러나 2000년대에는 각종 해외 언론이 주목하고 있듯이 기술력과 디자인을 통해 세계인이 인정하는 프리미엄 브

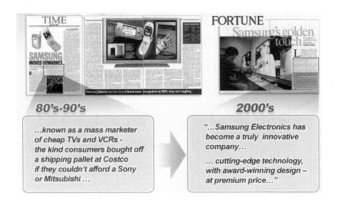

삼성의 해외 언론보도
〈출처〉 디자인브랜드경영학회(2004), 삼성전자 발표자료

랜드로 자리잡게 되었다.

이러한 프리미엄 브랜드로의 전환을 위해 삼성은 중국 시장을 고부가가치 전략의 실험장으로 선택하였다. 즉, '양에서 질로'라는 비즈니스 모델의 전환을 시도한 실험장이 바로 중국 시장이었다.

이건희 회장은 중국 본부를 설치하고 제2 본사로서의 기능을 수행하도록 하였다. 그리고 삼성의 브랜드 파워를 강화하기 위해 그룹 차원에서 전략적으로 접근했다. 중국 시장에 진출한 것은 1999년이지만 삼성은 진출 1년만에 흑자를 봤다. 중국에는 높은 구매력을 가진 부유층이 6,500만 명이나 됨을 감안하여 이들을 타깃으로 하는 고부가가치 전략을 세웠다. 삼성 휴대폰을 갖는 것이 특별한 신분을 나타낼 정도로 고급기종을 투입했으며 예측대로 디자인이 뛰어난 삼성브랜드의 휴대전화는 크게 성공할 수 있었다. 이를 통해 고급 브랜드로서의 가치를 가질 수 있었으며, '저가격 저품질의 삼성'으로부터 탈피하는 계기를 마련하였다.

프리미엄 브랜드로의 도약을 위해 삼성전자는 주요 해외 스포츠 경기나 팀에 대한 후원 활동을 적극 추진하였고, 2006년에는 오감브랜딩을 통해 프리미엄 브랜드 전략을 한층 강화하였다.

오감 브랜딩이란 말 그대로 시각과 청각, 촉각, 후각 등 고객의 신체 감각을 통해 브랜드를 경험하도록 하여 감성적 친밀도를 높이는 전략이다. 브랜드 미래학자인 마틴 린드스트롬은 브랜딩의 미래는 총체적 판매제안(Holistic Selling Proposition)으로 간다고 하면서 감각적 브랜딩 개념의 활용을 주장했다. 즉 2차원적 감각 접근에서 다차원적 감각 접근으로 이동해야 한다는 것이다. 이에 따라 기업들도 감각에 기반한 브랜드 마케팅을 활발히 전개하고 있다.

일례로 다임러 크라이슬러는 자동차의 디자인이나 변속장치뿐만

독특한 판매제안(Unique Selling Proposition)
1950년대 등장, 브랜드보다 물리적인 상품의 차이가 중요
감성 판매제안(Emotional Selling Proposition)
1960년대 등장, 상품에 감성이 첨가되어 본질적으로 다르게 인식됨
조직적 판매제안(Organizational Selling Proposition)
1980년대 등장, 조직이나 기업이 브랜드 그 자체로 인식됨
브랜드 판매제안(Brand Selling Proposition)
1990년대 등장, 물리적 상품보다 브랜드가 더 중요
총체적 판매제안(Holistic Selling Proposition)
미래, 브랜드에 기반을 두면서 감각 브랜딩의 개념을 활용

브랜드 마케팅의 역사적 발전과정
《출처》 마틴 린드스트롬 · 최원식 역(2005), 오감 브랜딩

상제리제 거리 루이뷔통 매장   일본의 루이뷔통 매장

루이뷔통의 매장 정면

아니라 인테리어 디자인과 문을 여닫는 방법이 구매시 중요한 고려
사항이며 문을 여닫는 방법이 품질 차이에서 중요한 변수라는 것을
알고 자동차 문에서 나는 소리만을 연구하는 팀을 별도로 만들었다.

명품 브랜드로 유명한 루이뷔통의 경우 전 세계 모든 매장 정면에
위치한 진열장의 디스플레이를 손잡이부터 벽지와 포장에 이르기까
지 동일하게 시각적, 감각적으로 배치시켜 루이뷔통 가치를 한층 높
이고 있다.

삼성전자는 그동안 글로벌 시장에서 디지털 기술력을 알리고 인지
도를 높이는 데서 벗어나 2005년부터 프리미엄 브랜드 확립을 목표
로 소비자 감성에 호소하는 전략을 추진하고 있다. 삼성전자는 이를
위해 천연허브 성분을 이용한 고유의 향기를 만들어 소비자들이 무
의식적으로 느끼는 냄새를 통해서도 삼성의 브랜드를 경험할 수 있
도록 하였다.

삼성전자는 또한 고유의 소리도 개발하였다. TV와 라디오 광고,
전시회나 이벤트 배경 음악 등으로 사용될 수 있는 멜로디나 컴퓨터
를 켤 때 나는 효과음을 만들었다. 마치 인텔이 전 세계에 내보내는

광고에 동일한 음을 담아 그것만 듣고도 인텔을 연상할 수 있게 하는 것처럼, 삼성전자 고유의 음으로 고객들의 귀에 친숙한 브랜드가 되도록 하겠다는 것이다.

또한 삼성전자는 영문서체인 헬베티카 뉴(Helvetica nevuu)를 삼성 고유의 서체로 정해 2005년 말부터 글로벌 시장에서 광고나 인쇄물 등에 동일하게 사용하고 있다.

삼성전자는 이처럼 고객 감각에 호소하는 소리, 향기, 서체, 색상을 선정하고 전세계 법인과 판매망에 매뉴얼을 보급해 통일성을 기하고 있다.[7] 이를 통해 세계 어디서나 브랜드에 대한 동일한 감각적 경험을 하게 함으로써 프리미엄 브랜드의 이미지를 구축하고 있다.

전 세계 '친 삼성맨'으로 세계시장을 평정하라

세계 최대기업 제너럴일렉트릭의 밥 코코란(Bob Corcoran) 크로톤빌 연수원 원장은 삼성그룹 구조조정본부를 방문한 후, 삼성의 성공비결을 10년 후를 내다보고 직원 한 명당 수 억원을 투자하는 지역전문가제도라고 결론지었다고 한다.

삼성의 교육 프로그램 중 가장 유명한 것이 '지역전문가' 제도이다. "그 나라의 기준으로 인재를 키우자"라는 이건희 회장의 후쿠오카 발언을 계기로 국제화 전략 차원에서 시작된 이 제도는 입사 3년 이상 직원을 대상으로 일정 인원을 선발해 해외에서 1년간 활동하게 하는 자유방임형 해외연수제도이다.

이는 기업의 경쟁력은 물론 직원 개인의 경쟁력과 국가 경쟁력까지 끌어 올린다는 평가를 받고 있으며, 전 세계에 흩어져 있는 외국 주재원의 35%는 이 제도를 통해 양성된다고 한다. 1990년 시작된 이 제도를 통해 삼성은 현재까지 약 2,800여 명의 지역전문가들을 배출했다.

지역전문가 한명에게는 월급 외에 활동비까지 1년에 작게는 7,000만원에서 1억 원 이상의 비용이 지급된다고 한다. 지역전문가로 발탁된 직원들은 현지로 가기 전에 경기도 용인 삼성인력개발원 외국어생활관에서 12주간의 합숙교육을 받게 된다. 현지에서는 1년 동안 6개월은 언어공부와 현지 적응을 위한 시간으로 보내고 나머지는 직무 관련 과제연구를 실시한다.

지난 1990년부터 시작된 삼성의 지역전문가 제도는 직원들이 1년간 '회사돈'을 써가며 해외에 나갔다 돌아와도 직원들에게 당장의 결과물을 요구하지 않는다. 현지에서도 학교나 연구소에 등록할 필요도 없고, 현지 지사에 출근할 의무도 없으며 철저히 놀고, 먹고, 구경토록 한다. 그 나라의 구석구석을 맘대로 돌아다니게 하면서 1년간 현지에서 현지 언어와 해당 국가의 풍물과 제도, 문화를 습득하고 이해하도록 하고 있는 것이다.

지역전문가 제도의 중요한 목표 중 하나는 현지인들과 '인맥'을 쌓는 일이다. 즉, 글로벌 시장에서 '친 삼성맨'을 만드는 것이다. 연봉과 별도로 지급되는 활동비로 무장한 지역전문가들은 나이, 지위, 성별, 직업을 가리지 않고 다양한 현지인들을 만나 관계를 형성하고 이러한 과정에서 '친 삼성맨'을 만들게 된다. 삼성 관계자는 "지역전문가 한 사람당 30명의 지인을 만들었다면 현재 전 세계에 10만명의 삼성 네트워크가 결성돼 있는 셈"이라고 말할 정도로 지역전문가 제도를 통해 글로벌 삼성의 역량을 강화하고 있다.

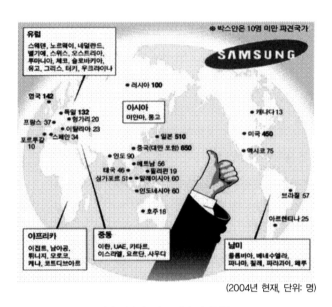

삼성 지역전문가 국가별 파견현황
〈출처〉 조선일보(2004. 06. 14)

　　인도네시아 지역전문가로 활동하면서 맺은 인연으로 현지 고위관료의 딸과 결혼하여 인도네시아 전자협회 회장을 맡을 정도로 현지화에 성공한 사람이 있는가 하면 왕실가문의 딸과 결혼해 현지의 '로열 패밀리'로 부상한 지역전문가도 있다고 한다. 이렇게 쌓아둔 인맥을 통해 삼성은 전 세계 시장의 흐름을 읽을 수 있는 신속하고 정확한 정보를 얻고 있다.[8]

　　삼성은 지역전문가들이 해외 체류 중에 직접 몸으로 부대끼며 체득한 내용을 자유로운 형식으로 사내 인터넷에 게재토록 하는데, 60여개 국, 700여 개 도시의 생생한 정보를 담은 리포트만 8만 건, A4 용지로 4만 장 분량, 사진도 10만 7,000건이 쌓였다고 한다. 즉, 삼성은 돈 주고도 구하기 어려운 방대하고 촘촘한 지역정보를 갖게 된 것이다.

파라과이에서 술 마시기 좋은 곳, 미국에서 주택 싸게 얻는 법 등 소소한 재미가 있는 정보는 물론이고, 현지 국가에서 사귄 인맥, 외국 정부 부처의 승진 시스템 같은 다양한 정보들이 망라되어 있다. 삼성 주재원들이 경쟁사보다 한발 앞선 위치에서 출발하는 것도 바로 이런 정보 때문이다.

지역전문가 제도 시행초기에는 유럽과 미국 등에서부터 시작하였지만, 최근에는 전략적인 차원에서 인도, 러시아, 중국 등에 많은 인력을 배치하고 있다.

삼성측은 지역전문가 제도의 대표적 성공사례로 동남아 시장을 꼽고 있다. "소니와 파나소닉 등 일본 가전업체의 안방이던 동남아 가전시장에서 이제 삼성이 컬러텔레비전과 양문형 냉장고 등에서 1위를 차지하고 있다. 능숙한 현지어 구사능력에다 지방도시의 골목골목까지 꿰뚫고 있는 320여 명의 동남아 지역전문가가 있어 가능한 일이다."라고 말할 정도로 지역전문가 제도가 성과를 올리고 있다.

일본의 대표적인 경제주간지 〈닛케이 비즈니스〉는 2006년 7월 14일자 통합 최신호에서 11페이지에 걸친 '삼성특집' 기사를 싣고 "삼성에는 일본 기업들이 어느 사이엔가 잃어버린 뭔가가 있다"고 지적하고 있다.

"삼성을 이기고 싶으면 치밀한 인재경영을 배워라. 삼성의 힘은 열정과 결속에서 나온다. '삼성 위협론'을 외치거나 반도체와 액정에 대한 거액투자에 벌벌 떨거나, 일본으로부터의 기술유출을

걱정만 한다고 해서 일본 기업의 경쟁력이 살아나지는 않는다. 오
히려 삼성의 다이내믹하고 치밀한 인재 경영을 있는 그대로 배워
야 하는 것 아니냐."

〈닛케이 비즈니스〉는 "삼성에게 있어 글로벌화는 피할 수 없는 숙
명이며 해외시장을 개척하기 위한 터프한 인재 육성은 말 그대로 생
명줄이다"라고 강조하면서 삼성이 1990년부터 시작한 지역전문가
제도를 높이 평가하고 있다.

삼성이 중국과 인도 같은 전략 국가나 프랑스, 이탈리아와 같은 아
직 성장의 여지가 큰 나라에는 본사의 기동부대와 병행해 지역전문
가들을 중점적으로 보냄으로써 인재와 지식의 층이 두터워지고 있다
고 설명하고 있다.

또한 삼성그룹은 글로벌 경쟁력 향상을 위해 해외전문가 조직인
'미래전략그룹'의 멤버를 뽑기 위해 1년에 6,000명이 넘는 세계 10
대 외국경영학 석사(MBA) 졸업자를 대상으로 해외 취업설명회를 갖
는다. 차세대 최고 경영자인 'S(슈퍼)급' 인재를 발굴하기 위해서인
데, 미래전략그룹은 삼성의 '싱크탱크' 역할을 하고 있다.

삼성은 전 계열사 임원 중 글로벌인재 비중을 지난 2003년 20%,
2004년 30%, 2005년 40%에서 2006년에는 50%까지 확대한다는
전략을 가지고 있다.

삼성은 '미래전략그룹' 출신을 미국 휴대폰 판매책임자와 메모리 마
케팅 책임자로 잇따라 발탁하면서 글로벌 인재들을 전진 배치시키고
있다. 삼성은 이들을 글로벌 경영을 실현하는 '핵심 두뇌'로 활용하고
있다.

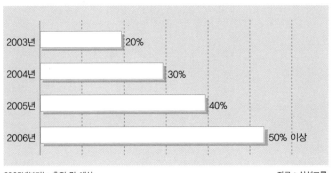

2003년 20%

2004년 30%

2005년 40%

2006년 50% 이상

2005년부터는 추정 및 예상　　　　　　　　　자료 : 삼성그룹

삼성의 글로벌 인재 비율
〈출처〉 파이낸셜뉴스(2006.02.03)

　　GE의 회장인 잭 웰치는 1993년 낡고 유명무실해진 크로톤빌 연수원 재건 공사에 드는 4,600만 달러 지출안에 서명하면서 투자 회수기간 항목에 '무한'이라고 써 넣었다고 한다. 투자 회수기간은 길지만 투자에 가장 큰 보람과 성과를 느낄 수 있는 일이 인재 양성이라는 것이다. 이렇듯 세계 초일류 기업들은 경쟁이 치열해져 가는 글로벌 시장에서 경쟁력 향상을 위해 인재 양성이 선행되어야 한다는 사실을 알고 있으며, 이에 대한 적극적 투자를 하고 있다.

05

삼성 브랜드 자산가치 관리

삼성은 브랜드 체계를 구축하면서 삼성이라는 단일 브랜드를 사용하기로 하였다. 각종 분석결과 고객에게 가장 효과적으로 이미지를 전달하기 위해서는 단일 브랜드 삼성을 강조하는 것이 중요하다는 결론을 내렸다. 따라서 이를 바탕으로 세계 각국에 수출되는 각종 제품들에 삼성이라는 싱글 마스터 브랜드를 부여하고, 통일된 이미지를 부각시켰다.

SAMSUNG

브랜드 자산 구축

전사적 브랜드 자산 관리

삼성그룹은 지난 1993년 신경영을 선언한 후부터 기술관련 핵심 인재를 중심으로 S급, A급, H급 등으로 분류해 본격적인 스카웃을 해왔으며 이 과정에서 사장보다 훨씬 더 많은 연봉과 더 나은 대우를 받고 있는 사람들도 생겨났다. 이러한 인재들은 대부분 삼성의 핵심 사업 분야와 관련이 있다. 휴대폰에 들어가는 핵심 칩 개발자, 첨단 나노 반도체 개발자, TI나 인텔 등에서 이름을 날리던 엔지니어 등이 그들이다. 이들 핵심인력에게는 연봉, 스톡옵션, 주택 등 그들이 원하는 모든 분야에서 최고급의 대우가 주어진다. S급 인재들의 의사결정이나 기술력 하나에 수억 달러, 수십억 달러가 왔다갔다 하는 판국이므로 이정도 대우는 대수롭지 않다는 생각에서다.

그러나 이러한 과정을 거쳐 확보한 기업의 기술력 역시 결국 시장에서는 브랜드라는 가치로 소비자에게 전달된다는 점을 생각해보면 브랜드 자산의 중요성은 더욱 극명해진다. 따라서 브랜드 자산관리는 단지 광고나 홍보의 의미를 넘어 설계부터 관리까지 장기적인 플랜과 전사적인 노력이 필요한 과정이다.

경쟁 압력이 높아가고 유통 채널이 역동적으로 변화하는 환경에서 많은 새로운 브랜드들이 만들어지고 또 소멸되고 있다. 브랜드를 자산으로 간주하고 이를 구축하려는 노력이 없는 기업들은 환경의 변화에 따라 임기응변식으로 브랜드를 만들고 소멸시켜 체계 없는 브랜드 구조를 가지게 된다.

기업은 자사 브랜드들이 서로 연관성을 유지하면서도 각각의 차별적인 역할을 하여 서로 시너지 효과를 발휘할 수 있도록 브랜드 포트폴리오를 설계해야 한다. 그럴 때에만 기업의 브랜드 자산이 체계적으로 구축될 수 있다.

특히 삼성과 같이 복합 브랜드를 가진 기업은 각 브랜드의 위계도를 정리하고 체계적으로 포트폴리오를 관리해야만 브랜드간의 시너지 효과를 얻을 수 있으며 각 개별 브랜드가 강력한 브랜드로 구축될 수 있다.

브랜드 포트폴리오란 기업이 관리하는 모든 브랜드들의 집합을 의미한다. 여기에는 마스터 브랜드, 패밀리 브랜드, 보증 브랜드, 하위 브랜드, 브랜드화 된 차별화 요소, 공동 브랜드, 브랜드화된 활력 요소, 그리고 기업 브랜드 등이 모두 포함된다. 그리고 브랜드 포트폴리오 전략은 하위 브랜드를 추가하거나 제거하는 것, 브랜드 서열을 정하는 것, 특정 브랜드를 다른 카테고리로 확장하는 것, 제품에 기업 브랜드를 사용하는 것, 기업 브랜드를 보증 브랜드로 사용하는 것, 브랜드 관계를 개발하는 것 등에 관한 것이다.

브랜드 포트폴리오 구조의 논리는 브랜드 위계도를 통해 나타낼 수 있다. 위계도의 구조는 수평적 차원과 수직적 차원으로 구성된 차트이다. 수평적 차원은 브랜드가 보호하고 있는 하위 브랜드 또는 보증 브랜드에 대한 브랜드 적용 범위를 반영한다. 수직적 차원은 개별 제품과 시장 진입 시 필요한 브랜드와 하위 브랜드의 수를 형성한다. 이러한 위계도 구성을 통해 브랜드 포트폴리오가 설계되고 기업은 브랜드 포트폴리오 내에서 자원을 효율적으로 분배하면서 시너지 효과를 얻을 수 있다.

206

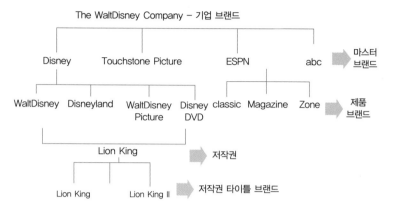

디즈니 브랜드 적용현황

〈출처〉 데이비드 아커(2004), 브랜드포트폴리오 전략, 비즈니스북스

예를 들면 디즈니는 수백 개의 브랜드화된 활력요소를 보유하고 있다. 아울러 디즈니가 보유하고 있는 다양한 브랜드나 하위 브랜드 또한 디즈니 브랜드에 활력을 제공하거나 강화하고 있다. 브랜드가 이런 브랜드화된 활력 요소들을 보유하고 있다는 것은 보기 드문 경우인데, 1928년 미키 마우스를 시작으로 1937년에는 도날드 덕, 1939년에는 백설공주, 1940년에는 피노키오가 연이어 개발되었다.

이후 디즈니는 브랜드 패밀리를 적극적으로 관리해 나갔으며 브랜드 포트폴리오 관리에 있어 제품을 통해 활력을 획득하는 것이 얼마나 가치 있는 것인지를 잘 보여주고 있다. 라이온 킹의 경우에는 영화뿐만 아니라 비디오, 상품, 출판, 게임, 경품, 브로드웨이 쇼까지 만들어졌다.

이러한 디즈니의 기업 브랜드 포트폴리오는 모든 브랜드의 역할을 명확하게 규정해주며 개별적인 브랜드들의 이미지를 강화하고 집단

구 분	삼성전자	글로벌 기업
BU/GBM Descriptor 사업단위 설명	TN, DM, DA Semiconductor, LCD	Intel® Solution Services
Platform Sub-brand 플랫폼 서브 브랜드		QUALIA iPod
Category Sub-brand 카테고리 서브 브랜드	Anycall	WALKMAN
Product Sub-brand 제품 서브 브랜드	SyncMaster yepp miniket	AQUOS N-GAGE NOKIA
Ingredient Brand 구성요소 브랜드	wise view	intel inside
Technology Descriptor 기술 설명	DNIe silver Nano	
Product Name(Pet Name) 제품 이름	Evolution(SCH-A 895) Wave(SCH-A 800)	MOTORAZRV3

〈출처〉 한국디자인진흥원 브랜드경영사례 발표자료(2006)

적인 브랜드 파워를 발휘할 수 있게 해주고 있다.[1]

각 기업마다 브랜드 위계도를 그리는 데 사용하는 용어나 구조는 약간의 차이가 있기는 하지만 삼성전자는 해외시장에서 위와 같은 브랜드 운영체제를 가지고 있으며 이를 글로벌 기업 사례와 비교하여 설명하면 다음과 같다.

우선 TN, DM, DA, Semiconductor, LCD 등은 인텔의 Solution Services와 같이 브랜드가 속해있는 사업단위를 나타낸다. 애니콜은 휴대폰 카테고리의 서브 브랜드로 소니의 워크맨(Walkman)과 같은 개념이다. 싱크마스터(Syncmaster), 옙(Yepp), 미니켓(Miniket) 등은 제품 서브 브랜드이다. 즉, 샤프(SHARP)의 LCD TV 제품 서브 브랜드가 AQUOS이라면 삼성의 MP3 플레이어의 제품 서브 브랜드는 옙

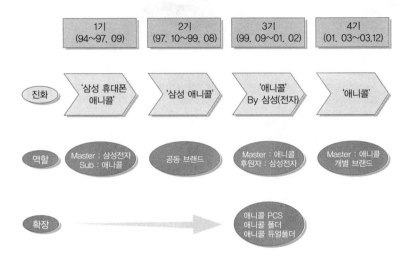

삼성전자 애니콜 브랜딩 전략

〈출처〉 산업정책연구원 코리아브랜드컨퍼런스 발표자료(2003)

(Yepp)이다. 그리고 Wise View는 구성요소 브랜드 전략의 하나로 활용되는 보증 브랜드로 Intel Inside와 같은 개념이다.

그리고 국내시장에서 삼성전자의 브랜드 운영체계를 살펴보면 크게 개별 브랜딩(Individual Branding), 서브 브랜딩(Sub Branding), 그리고 기업 브랜딩(Corporate Branding)으로 분류된다. 개별 브랜딩은 다시 독립형과 진화형으로 구분되는데, 독립형은 삼성의 브랜드를 언급하지 않고 브랜드를 사용하는 지펠(Zipel), 하우젠(Hauzen), 파브(PAVV) 등이며 진화형은 서브 브랜딩에서 점차 개별 브랜딩으로 바뀐 경우이다. 애니콜, 매직스테이션(Magicstation), 센스(Sense), 싱크마스터(Syncmaster), 엡(Yepp) 등이 이에 해당한다.

삼성전자가 일부 브랜드를 서브 브랜딩에서 점차 개별 브랜딩으로

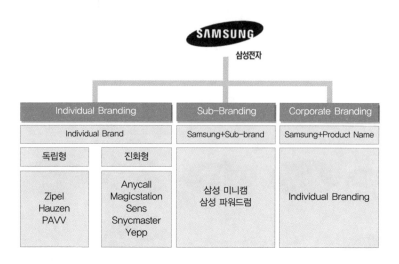

국내시장에서의 삼성전자의 브랜드 운영체계
〈출처〉한국디자인진흥원 브랜드경영사례 발표자료(2006)

변경한 이유는 기업의 전체 브랜드 구조 내에서 브랜드 라이프 싸이
클과 시장 환경을 고려했기 때문이다. 현재 개별 브랜드로서 막강한
브랜드 파워를 가지고 있는 애니콜 역시 처음부터 마스터 브랜드로
사용되었던 것이 아니라 진화, 역할, 확장 등 브랜드 3대 측면과 환경
변화에 맞추어 삼성전자를 마스터 브랜드, 공동 브랜드, 후원 브랜드
로 활용하였고, 2001년부터 애니콜을 마스터 브랜드로 사용하기 시
작하였다. 이러한 브랜드 운영전략은 브랜드 상호간에 시너지 효과
를 일으켜 애니콜이 글로벌 브랜드로 성장할 수 있는 원동력을 만들
어 주었다.

　서브 브랜딩은 삼성이라는 기업 브랜드와 브랜드 네임을 같이 활용
하는 전략으로 삼성 미니캠, 삼성 파워드럼 등이 있다. 마지막으로 기
업 브랜딩은 삼성을 제품명으로 활용하는 전략으로 삼성 프린터, 삼성

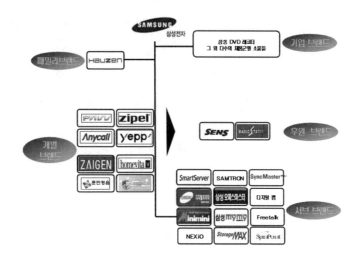

국내시장에서의 삼성전자의 브랜드 위계도
〈출처〉 한국디자인진흥원 브랜드경영사례 발표자료(2006)

DVD 콤보, 삼성 CD-RW 등이 그 예이다.

국내시장에서의 삼성전자 브랜드 위계도를 살펴보면 삼성 DVD 레코더, 그 외 다수의 제품군은 기업 브랜드를 활용하고 있고 하우젠 (HAUZEN)은 패밀리 브랜드로 분류되어 있다. 이외 SENS와 Magic-station은 후원 브랜드, PAVV, ZIPEL, Anycall, Yepp, ZAIGEN, homevita 등은 개별 브랜드 그리고 Smartserver, Samtron, SyncMaster, 디지털프라자, 삼성오피스마스터, 디지털캠, Minimini, 삼성 mymy, Freetalk, NEXiO, storage MAX, SpinPoint는 서브 브랜드로 분류된다.

삼성전자의 브랜드들이 서로 시너지 효과를 발휘하면서 브랜드 자산을 구축할 수 있었던 것은 이러한 브랜드 포트폴리오 설계가 기반이 되었기 때문이다. 1990년 초만 하더라도 삼성 역시 브랜드 자산가치에 대한 공감대가 미흡하여 제품 속성에 근거한 브랜드의 빈번한 교체가 있었다.

1990년대 초반 삼성전자의 세탁기 브랜드 네임을 살펴보면 삼성 히트 세탁기, 삼성 히트 잠잠 세탁기, 삼성 히트 세탁기: 삶는 세탁기, 빨래 엉킴을 방지하는 삼성 퍼펙트 세탁기 신바람, 삼성 신바람 세탁기: 때려 빠는 세탁기 등 제품 속성에 근거한 빈번한 브랜드 네임의 교체가 있었다. 1990년대 초 삼성전자의 냉장고 브랜드 네임 역시 삼성 바이오 냉장고 청, 삼성 바이오 냉장고 칸칸, 삼성 바이오 냉장고 5계절 등으로 현재의 지펠 브랜드에서 느껴지는 감성적이고 상징적인 면이 부족하고 주로 제품 속성 그 자체에 근거하여 브랜드를 만들고 관리했음을 알 수 있다.

삼성은 1995년부터 브랜드를 자산으로 인식하고 체계적인 브랜드 관리를 시작하였고, 브랜드 경쟁력 파악을 위한 브랜드 조사를 반기마다 1회씩 실시해 왔다. 이후 1997년 그룹 차원의 브랜드 전략을 세우고 삼성의 브랜드 아이덴티티를 정립하였다. 또한 삼성의 브랜드 체계 운영 전략에 기초해 포트폴리오를 설계하고 계열사 브랜드 전략을 수립하였다. 그리고 1998년 각 제품별 브랜드 아이덴티티를 정립하여 브랜드 커뮤니케이션 전략을 수립하였으며 국내 최초 개별 제품 브랜드 자산가치 평가를 시행하였다.

패밀리 브랜드인 하우젠 사례는 삼성전자가 어떻게 시장 환경과 기업 내 환경을 고려하여 전략적으로 브랜드를 도입하고 치열한 경쟁 속에서 브랜드 파워를 구축했는지를 잘 보여준다. 하우젠 브랜드 도입이전 국내 백색가전 시장은 단순 기능 위주에서 탈피해 대형화, 프리미엄화, 생활 인테리어 개념의 브랜드화로 변화되고 있었으며

212

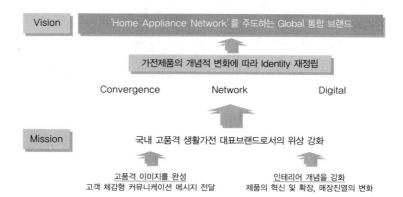

패밀리 브랜드 하우젠 도입 과정
〈출처〉산업정책연구원 코리아브랜드컨퍼런스 발표자료(2003)

소비자들 또한 점점 제품의 브랜드를 중시하기 시작했다. 삼성전자는 이러한 환경 변화에 대응하여 백색가전 브랜드 '하우젠' 도입을 결정하고 론칭 전 준비 작업을 시작하였다.

소비자 니즈에 부합하는 차별화를 통해 기존 가전과 확실한 구분을 시도한다는 전략 하에 2001년 6월에서 10월까지는 제품 컨셉을 개발하였는데 이 과정에서 단순기능 탈피, 가전제품의 의미 확대, 차별적인 디자인 컨셉이라는 목표를 세웠다. 그리고 2001년 11월부터 2002년 1월까지 브랜딩 작업을 시작하였고 생활가전의 대표브랜드, 인테리어 브랜드, 그리고 프리미엄 이미지의 브랜드 네임을 개발하였다. 2002년 2월에서 7월에는 제품 사전 테스트를 실시하고 제품이 아닌 브랜드 중심의 커뮤니케이션 실행 준비를 완료하였다.

하우젠 도입 1기에는 하우젠의 성공적 론칭이 목표였다. 따라서 브랜드 아이덴티티를 정립하여 인지도를 확보하고 프리미엄 가전시장을 선점하고자 하였다. 이를 위해 삼성전자는 하우젠 브랜드 관리위원회를 설치 운영하였으며 이 위원회는 하우젠 브랜드 관련 내부 의사결정 협의체를 구성하여 브랜드 아이덴티티 관리에 주력하였다. 이 시기에는 고품격 생활가전의 컨셉에 걸맞는 제품의 출시와 디자인의 차별화에 신경 썼으며 제품 심사위원회를 통해 엄격한 품질관리를 진행하였다. 또한 경쟁 브랜드 대비 고가 정책을 유지하면서 가격 할인을 지양하고, 유통 채널별 가격정책을 일관되게 유지하였다. 또한 고품격 인테리어의 이미지를 강조하면서 진열에 있어서도 차별화와 고급화 정책을 유지하였다.

하우젠 도입 2기인 2002년, 2003년에는 성공적인 패밀리 브랜드 도입을 통한 브랜드 강화를 목표로 브랜드 아이덴티티 정립, 프리미엄 시장 선점, 각 제품별 인테리어 가전 개념 강화, 제품간 아이덴티티 정립, 제품별 라인업 확대 등을 세부과제로 추진하였다. 즉 하우젠 도입 1기에는 선 브랜드, 후제품 전략으로 하우젠 브랜드 이미지 형성에 집중하였으며, 도입 2기에는 하우젠 브랜드의 기반 위에서 각 제품군별로 '하우젠다움'을 구체적으로 부여함으로써 브랜드를 강화하는 전략을 수행하였다.

그리고 2004~2005년에는 하우젠 브랜드가 생활가전 No.1 대표 브랜드가 되게 한다는 목표를 설정하고 제품별 브랜드 수직계열화, 제품별 싱글 브랜드 및 제품군 확장을 추진하였고 2006년 브랜드 확장을 하면서 Home Appliance Network 통합 브랜드를 목표로 한다는 장기 전략을 세웠다.

하우젠 도입과 같이 브랜드 포트폴리오에 브랜드를 추가하거나 혹은 프리미엄 시장으로 브랜드를 확장하기 위해서는 시장 환경과 소비자 환경을 고려한 전략과 장기적인 플랜이 있어야 한다.

하우젠은 가전 분야 최초의 패밀리 브랜드로, 프리미엄 브랜드를 목표로 하였다. 따라서 초기 하우젠의 광고는 제품의 기능이나 특성은 부각시키지 않고 점, 선, 면의 이미지를 차용한 철저한 고급화 전략을 사용하여 제품이나 광고 모델보다는 하우젠이라는 브랜드가 부각되도록 하였다. 또한 삼성전자의 이름을 최대한 배제하고 하우젠만을 내세워 고객과 커뮤니케이션하기 시작하였으며 초기부터 철저하게 이미지 중심의 광고를 진행하여 많은 사람의 이목을 집중시켰다. 이는 삼성이 일반적으로 폭넓은 인지도를 지니고 있는 대중적인 브랜드이지만 프리미엄 시장에서는 외국 브랜드와 경쟁할만큼 브랜드 파워가 강하지 않다는 판단 하에 고객의 머릿속에 하우젠을 고급 이미지로 포지셔닝하기 위한 것이었다.

삼성전자는 시장의 고급화 추세를 파악하고, 젊은 주부들을 타깃으로하여 공격적인 마케팅을 통해 시장을 키워나감과 동시에 시장을 선도하는 브랜드 리더십을 확보하고자 하였다. 그러나 백색가전은 일정한 주기를 가지고 계절에 따라 제품에 대한 마케팅을 집중하기 때문에 마케팅 효과, 광고 효과의 축적을 통한 브랜드 자산관리가 어려웠다. 김치 냉장고의 경우는 9~11월에, 에어컨의 경우는 여름철에 광고가 집중된다. 이러한 기능 위주의 광고, 계절별 마케팅 전략은 장기적인 관점에서의 브랜드 자산가치 축적을 방해하였으며, 경쟁사와는 다른 브랜드 전략이 필요했다.

이에 대응하기 위해 패밀리 브랜드 전략을 채택하였는데, 이는 통합 브랜드에 한정된 자원을 집중시켜 커뮤니케이션 효과나 마케팅 효율을 높이는 전략이었다.

이렇게 패밀리 브랜드가 사용된 예는 외국 기업에서 많이 찾아볼 수 있다. 마쓰시타 전기산업은 1988년 CI를 통일 했을 때 브랜드에 대한 재평가를 실시하고 제품 라인을 '내쇼날', '파나소닉', '테크닉스', '퀘이자' 라는 4개의 브랜드로 통합하였다. '내쇼날' 브랜드는 전화제품, 조명제품, HA 시스템 등에, '파나소닉' 브랜드는 영상, 음향 기기, 정보, 통신 기기, 자동차 탑재기기, 전자부품 등에, 그리고 '테크닉스' 브랜드는 회사의 기술 이미지를 높이는 제품에 적용되었다. '퀘이자' 브랜드는 1974년에 인수한 모토롤라 가정용 전기기기 부문의 브랜드로, 해외에서 판매하는 TV, 비디오, 오디오, 전자레인지, 에어컨 등에 적용되었다.

브랜드 자산가치 관리를 위한 조직의 변화

브랜드를 자산으로서 관리하기 위해서는 무엇보다 브랜드 중심의 조직체계를 구축하는 것이 필요하다. 또한 브랜드가 마케팅 실무자의 고유영역이 아닌 기업 경영의 한 축으로 자리잡도록 해야 한다.

글로벌 기업에서는 이러한 사례가 많이 있는데, 1931년 P&G가 처음 도입한 브랜드 매니저 제도(Brand Manager System)가 대표적 조직 형태이다. 이 제도는 각각의 브랜드마다 담당 매니저를 두고 모든 과정에 대해서 전적인 책임을 지게 한다. 1960년대 이후부터 본격적으로 기업들에게 확산되었고 오늘날 미국 소비재 기업의 90%이상이 이 제도를 채택하고 있다. IBM의 경우는 광고 대행사와 공동으로 브랜드 스튜어드(Brand Steward)라는 제도를 만들어 브랜드 관리조직

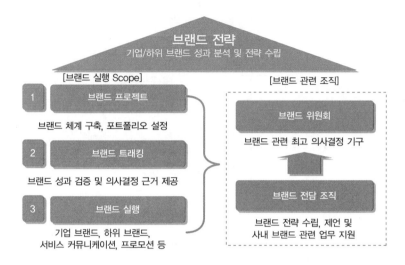

삼성카드의 브랜드 자산가치 관리 시스템
〈출처〉 산업정책연구원 코리아브랜드컨퍼런스 발표자료(2003)

을 운영하고 있다. 이 외에 최고 경영진이 브랜드 매니저의 역할을 수행해야 한다는 의미에서 CBO(Chief Branding Officer)의 개념을 도입한 조직도 생겨나고 있다.

삼성카드는 브랜드를 자산으로서 관리하기 위해 브랜드 자산가치 관리 시스템이라는 브랜드 중심의 조직 체계를 구축하였다. 초기 카드 시장에서는 브랜드에 대한 이해가 부족했기 때문에 브랜드를 자산으로 관리한다는 개념은 거의 자리잡지 못했다. 브랜드 인지도가 높지 않아도 많은 이익을 올릴 수 있는 경쟁 환경에서 브랜드에 대한 필요성을 느끼지 못했던 것이다. 그러나 2002년부터 신용카드 업계가 성숙기로 진입하면서 성장이 둔화되거나 유지되는 추세가 지속되었다. 또한 경제 활동인구 1인당 신용카드를 약 4.7매 보유하기에 이

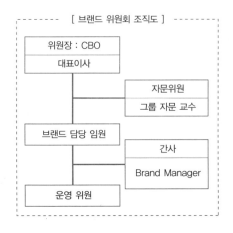

삼성카드의 브랜드 위원회 조직

〈출처〉 산업정책연구원 코리아브랜드컨퍼런스 발표자료(2003)

르렀고 카드 발급보다 주사용 카드화, 이용률 증대가 브랜드 마케팅 활동의 관건이 되었다. 이러한 상황에서 경쟁 우위를 유지하기 위한 대안으로 브랜드가 부각되었다.

삼성카드는 브랜드 비전을 설정하고, 브랜드 체계를 구축하였으며, 브랜드 진단 및 평가를 위한 트래킹 시스템을 마련하여 브랜드 성과 측정 및 의사결정의 근거를 제공하였다. 그리고 브랜드 관련 의사결정 및 실행을 위한 브랜드 위원회와 전담조직을 구성하였다.

브랜드 위원회는 브랜드 관련 최종 의사 결정 기구로서, 내부 역량을 파악하고, 자원의 효율적 분배를 유도하는 한편 브랜드 관련 의사 결정의 책임 소재를 명확히 하기 위해 만들어졌다. 브랜드 위원회는 분기별로 개최되어 기업 환경 변화에 따른 신속한 대응을 하고 있다.

이와 별도로 브랜드 관리를 위한 실무 기구인 BM팀이 설치되었는데, 브랜드 전략을 실행하고 브랜드 관리를 총괄하는 역할을 한다.

브랜드 위원회는 BM팀과 함께 기업 브랜드 전략수립 및 실행, 상품 브랜드 전략 수립 및 실행 지원 그리고 브랜드 캠페인의 실행 및 모니터링을 하고 있다. 이 결과 브랜드 인지도 및 광고 인지도가 동반 상승하였으며 통합 캠페인이 가능하여 브랜드 일관성 유지에 기여할 수 있었다.

이러한 브랜드 중심의 조직구조와 시스템을 통해 삼성카드는 기업 브랜드 체계에 적합한 브랜드 포트폴리오를 설계하여 세분시장에 맞는 브랜드 전략을 수립하고 수익구조를 효율화할 수 있었다. 2003년 삼성카드가 설계한 브랜드 포트폴리오를 살펴보면 다음과 같다.

우선 1단계로 삼성카드라는 기업 브랜드는 고객에게 회사에 대한

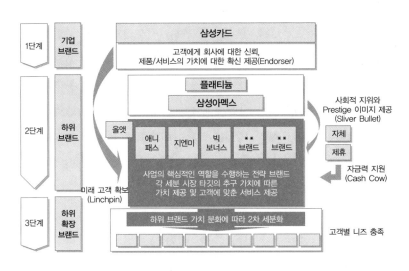

삼성카드의 브랜드 포트폴리오
〈출처〉 산업정책연구원 코리아브랜드컨퍼런스 발표자료(2003)

신뢰, 제품과 서비스의 가치에 대한 확신을 제공하는 보증으로서의 역할을 하도록 하였다. 2단계 하위 브랜드는 플래티늄과 삼성 아맥스와 같이 사회적 지위와 특권 이미지를 제공하는 브랜드, 그리고 애니패스, 지앤미, 빅보너스 등과 같이 사업의 핵심적인 역할을 수행하는 전략 브랜드로 구분하였다. 이러한 전략 브랜드는 각 세분 시장의 타깃층을 겨냥해 맞춤 서비스를 제공하는 역할을 한다. 마지막 3단계는 놀이공원, 외식, 골프 영화 등 고객별 니즈를 충족시키기 위한 하위 확장 브랜드로 구성하였다.

삼성물산 역시 조직적인 브랜드 자산관리 노력을 엿볼 수 있는데 브랜드 개념조차 생소했던 건설업계에 브랜드 마케팅을 도입하고 전사적 차원의 체계적인 브랜드 관리를 수행하고 있다. 이를 위해 삼성물산은 수주, 분양부터 판매 후 서비스에 이르기까지 여러 단계에 걸쳐 분산되어 있는 조직의 역량을 브랜드 중심으로 조직화했다.

삼성 래미안은 2002년 브랜드 재도약을 시도하였는데, 도입기 론칭 전략의 기본 틀을 유지하면서 론칭 기간에 드러났던 문제점의 개선을 위해 브랜드 아이덴티티를 재정립하고 브랜드 자산 창출의 극대화를 위해 마케팅 믹스 전략을 보완하였다. 그리하여 2002년 7월 개별 브랜드 체계를 확립하였고 제품 카테고리별 브랜드 적용의 기준을 정리해 브랜드 관리의 효율성을 제고하였다. 이에 따라 아파트에는 래미안 브랜드만 적용토록 했다.

브랜드 체계의 정립은 래미안이 단순한 상표가 아니라 자신만의 철학을 지닌 브랜드로서 자리매김하는 것을 의미하며, 이는 장기적인 성장 기반 확보라는 측면에서 중요한 의미를 지닌다.

이 시기 삼성물산은 론칭기의 제품 전략을 토대로 하되 보다 브랜드 이미지에 적합한 상품 컨셉을 개발하는 데 주력하였다. 주거편의의 극대화와 세련된 품격 이미지를 전달할 수 있는 상품, 꿈과 스토리가 담긴 공간을 창출하고자 하였다.

부지 선정은 래미안 CBO(Chief Brand Officer)가 직접 현장을 방문하여 래미안 컨셉 적합도를 분석한 후 결정하였다. 이 외에도 래미안 심볼의 도색이나 단지명 작명 등에 대한 매뉴얼을 제작하는 등 적극적인 브랜드 아이덴티티 관리를 수행하였다.[2]

스웨덴의 고객만족지표인 SCSB(Swedish Customer Satisfaction Barometer)에 따르면 소비자 만족도가 1점 올라갈 때마다 5년간 현재가치로 748만 달러의 가치가 창조된다고 하였으며, 포드사의 설립자인 헨리포드 역시 자동차 소유자의 충성도가 1% 올라갈 때마다 매년 1억 달러 이익이 올라간다고 말한 바 있다.[3] 이는 소비자 만족도, 고객 충성도, 브랜드 자산 등 대차대조표의 자산 항목에 없는 무형적인 자산들도 현금자산, 금융자산, 생산설비, 토지와 마찬가지로 이익을 올리는 데 기여하는 회사 재산 중 하나라는 것을 의미한다.

2004년부터 삼성전자의 애뉴얼 리포트(Annual Report)에는 대차대조표, 손익계산서, 현금흐름표 등의 재무정보 이외에도 브랜드와 디자인 관련 항목이 포함되기 시작했다. 이는 삼성이 재무적 성과 이외에 브랜드와 디자인을 중시하고 있다는 것을 대변한다.

결과적으로도 2006년 현재 삼성의 브랜드 가치 관련 지표들을 살펴보면 글로벌 시장에서 우수한 성적을 내고 있음을 알 수 있다. 우선 삼성전자 디지털 TV는 미국 전자유통 업체인 베스트 바이(BEST BUY)가 수여하는 2006년 브라보 어워드(Bravo Award)에서 최우수상을 받았다. 브라보 어워드는 베스트 바이 매장 제품 중 업종별로 판매현황, 소비자 만족도 등에서 가장 우수한 브랜드에 주는 상으로 삼성전자는 TV 부문에서 고객 만족도, 유통점과의 파트너십, 제품 기술력, 적기 제품공급 면에서 최고로 인정되어 이 상을 수상하게 되었다.

삼성전자 휴대폰은 미국의 브랜드 조사기관 브랜드 키즈(Brand keys)에서 주관하는 최고의 브랜드 조사에서 휴대폰 분야 5년 연속 1위를 차지하였다. 전 세계 휴대폰 업체 가운데 5년 연속 최고 브랜드로 선정된 것은 삼성전자가 유일하다. 한편 미국 시장조사기관 NPD에 따르면 2006년 1분기 미국 시장 휴대폰 판매 대수는 총 3,500만 대로 시장점유율 18%를 차지하여 모토롤라에 이어 2위를 기록했다.

그리고 브랜드 조사 전문기관인 인터브랜드사와 경제 전문지 〈비즈니스위크〉가 발표한 글로벌 브랜드 가치평가 결과에 의하면 2006년 삼성의 브랜드 가치는 161억 6,900만 달러로 2005년 149억달러 대비 8% 상승하였고 조사 대상 브랜드 중 20위를 차지했다.

투자로서 브랜드 자산관리는 실무진들이 아무리 외쳐도 최고 경영층의 적극적인 관여 없이는 이루어지기 어렵다. 글로벌 브랜드로 성공한 스타벅스, 나이키, 소니 모두 최고 경영층의 브랜드 관리에 대한 의지와 철학으로부터 시작되었다. 삼성의 브랜드에 대한 CEO의 의지와 철학을 보인 구체적인 예는 지난 2004년 신경영 10주년을 맞은 이건희 회장의 '제2의 신경영' 선언이다.

당시 이건희 회장은 2010년까지 삼성이 초일류 기업이 되기 위해 1) 핵심 우수 인력을 확보하고 육성하는 인재경영을 실천하고, 2) 어떤 환경에서도 지속 성장이 가능한 체질과 세계 1등 제품과 서비스 경쟁력을 확보하며, 3) 새로운 성장 엔진으로서 신수종 사업을 발굴,

육성하고, 4) 정도 경영, 투명 경영을 통해 사회 친화적 경영 및 기업 이미지와 브랜드 가치를 제고해야 한다는 4대 핵심전략을 발표한 바 있다.

모든 조직은 최고 경영자가 CBO(Chief Branding Officer)가 되어 전사적인 차원에서 브랜드 관리를 추진할 때만 구성원들 사이에 브랜드에 대한 공감대를 형성할 수 있으며, 이것이 바로 강력한 브랜드 자산을 구축하는 첩경이다.

브랜드 자산가치의 강화

일관성 있는 브랜드 전략

브랜드가 기업의 자산으로 축적되기 위해서는 오랫동안 일관된 컨셉을 유지하면서 소비자를 향해 한 목소리로 커뮤니케이션되어야 한다. 강력한 브랜드 매니저 제도를 운영하고 있는 것으로 유명한 P&G에는 브랜딩 전략이 3가지 있다. 흔히 3C라고 하는데 이는 바로 Consistency(일관성), Consistency(일관성), Consistency(일관성)이다.[4] 그 곳의 브랜드 담당자는 제품 개발에서 시장 환경 조사, 소비자 행동 분석, 마케팅 전략 수립, 실행 성과 측정에 이르기까지 일관되게 책임을 진다. 오늘날 P&G가 브랜드 전략에 있어 성공한 기업으로 각광받고 있는 것은 이 같이 브랜드의 일관성을 유지하는데 지대한 관심과 노력을 기울였기 때문이라고 할 수 있다.

IMF 이전까지 국내 기업들은 전체적인 연계성 및 일관성 없이 슬로건과 로고를 사용하였으며 이로 인해 핵심 브랜드의 본질이 없다는 근본적인 문제를 안고 있었다. IMF 체제라는 어려운 시기 우리 기업들은 냉혹한 글로벌 시장에서 도태되면서 브랜드 경쟁력의 취약함을 뼈저리게 확인할 수 있었다. 이 시기부터 국내 기업들도 비로소 브랜드의 중요성에 눈을 뜨기 시작하였으며 이러한 절박한 배경 하에서 본격적인 브랜드 육성정책이 시작되었다. 삼성 역시 IMF를 계기로 본격적으로 브랜드 육성을 시작하였다.

당시 글로벌 브랜드의 필요성을 절감한 삼성은 이미 선점해온 '디지털 이미지'를 일관되게 유지하면서 국가 경제를 선도하는 '대한민국 대표브랜드' 로서의 위상 구축에 주력하기 시작하였다. 그리고 이를 달성하기 위해 전사적 측면에서 브랜드 체계를 정비하였다. 삼성 브랜드가 글로벌 브랜드로 인정받게 되고 지금의 브랜드 자산을 구축할 수 있었던 것은 이와 같이 일관된 브랜드 컨셉을 유지하기 위한 전사적 차원의 노력이 있었기 때문이다.

'기업과 고객 사이의 장기적이고 확고한 유대관계 구축' 이라는 브랜드 경영의 목표를 고려할 때, 기업의 경영 이념과 장기비전을 반영하는 브랜드 정체성 구축이야말로 브랜드 경영의 근간이다. 기업 브랜드의 정체성은 기업의 과거와 현재, 미래를 제시하는 것으로 기업의 경영전략과 향후 방향을 반영하는 이미지로 표현된다.

이러한 시각에서 삼성은 2000년부터 본격적으로 삼성 브랜드 체계의 재정비 작업을 전개하였다. 재정비 작업은 1) 브랜드 가치 평가와 이를 통한 브랜드 관리 기준의 수립, 2) 브랜드 이미지의 확인과 장기적인 기업 경영 전략의 해석을 통한 그룹 브랜드 아이덴티티 수립, 3) 브랜드 아이덴티티 확산을 위한 커뮤니케이션 전략의 수립,

4) 관리지원 체계 구축 등의 단계로 이루어졌다. 이 같은 브랜드 체계를 구축하기 위해 삼성은 모든 계열사의 브랜드 가치평가를 실시했고, 브랜드 아이덴티티의 확립을 위해서는 삼성 브랜드 셋업 마스터 모델을 만들고 삼성의 이상적인 이미지를 만들어 이를 일관되게 유지하고자 하였다.

삼성은 브랜드 체계를 구축하면서 삼성이라는 단일 브랜드를 사용하기로 하였다. 각종 분석결과 고객에게 가장 효과적으로 이미지를 전달하기 위해서는 단일 브랜드 삼성을 강조하는 것이 중요하다는 결론을 내렸다. 따라서 이를 바탕으로 세계 각국에 수출되는 각종 제품들에 삼성이라는 싱글 마스터 브랜드를 부여하고, 통일된 이미지를 부각시켰다. 이 같은 전략으로 세계 각국에서 삼성이라는 브랜드가 인지되기 시작하였고 이 전략은 글로벌 브랜드로서 삼성의 이미지를 각인시키는 데 효과적이었다.

삼성은 중국을 제외한 다른 나라에서는 애니콜 대신 삼성 모바일 폰이라는 브랜드 네임을 사용하여 삼성이라는 브랜드를 일관되게 강조하였다. 이는 글로벌 브랜드인 삼성의 후광을 활용하기 위한 것이며 사람들이 삼성이라는 이름이 주는 신뢰를 바탕으로 삼성의 제품을 믿고 구매하도록 하기 위한 것이었다.

이후 삼성의 계열사들도 삼성이라는 기업 브랜드가 주는 신뢰감 및 규모감을 활용하기 위해 삼성을 브랜드 네임에 포함시키는 예가 많았다.

삼성물산의 아파트 브랜드인 래미안은 1999년 4월 통합 브랜드 개발 작업의 결과로 만들어진 브랜드이다. 초기에는 '사이버아파트', '한국형 아파트' 등으로 브랜드가 자주 변경되면서 분양시 적용했던 브랜드가 입주시에는 다른 브랜드로 바뀌는 등의 혼란이 있었고 이에 브랜드 관리의 필요성이 대두되어 래미안을 파워 브랜드로 육성하기 위한 전사적인 마케팅 전략이 수립되었다.

현재 래미안은 아파트 개별 브랜드로서의 자산가치가 상당하지만 초기에는 삼성이 만든 아파트라는 것을 강조하기 위해 삼성 래미안이라는 브랜드 네임이 사용되었고, 어느 정도 브랜드 인지도가 높아진 이후에 비로소 래미안 단독으로 사용되었다.

2000년 신문광고

래미안

2006년 신문광고

래미안 브랜드 네임

이는 초기 단계의 브랜드 아파트를 위해 삼성이란 기업 브랜드가 주는 신뢰감과 브랜드 파워를 빌려 소비자들의 구매 리스크를 줄이는 동시에 대한민국 최고 브랜드로서의 이미지를 부여하기 위한 것이었다.

이후 래미안은 다양한 형태의 광고와 래미안 페스티발, 래미안 아카데미 등 문화마케팅 활동을 결합한 통합 마케팅 커뮤니케이션을 효과적으로 수행해 브랜드에 대한 고객 충성도를 높일 수 있었고 삼성의 후광 없이도 고객이 인정하는 브랜드로 자리매김하게 되었다.[5]

브랜드 연계 전략[6]

　브랜드의 이점을 누리기 위해서는 첫 번째로 강력한 브랜드 파워를 구축해야 하고 이후에는 그 브랜드를 활용하여 효과를 극대화시켜야 하며 또한 구축된 브랜드 자산들을 활용해 기존 브랜드 자산을 강화시켜야 한다.

　브랜드 자산을 활용하는 방안에는 크게 자사 브랜드를 확장하는 방안과 타 브랜드와 연계하는 전략이 있다. 브랜드 연계 전략으로는 브랜드 제품을 구성하는 핵심 재료나 부품을 내세우는 구성요소 브랜딩 전략(Ingredient Branding), 독자적인 연상군을 가지고 있는 브랜드와 결합하여 신제품을 출시하는 공동 브랜딩 전략, 광고, 판촉 등의 제휴를 통해 공동으로 마케팅하는 공동 브랜딩 활동(Co-Branding Activity) 전략, 이밖에도 합성 브랜딩 전략(Composite-Branding)이나 라이센싱 전략(Licensing) 등이 있다.

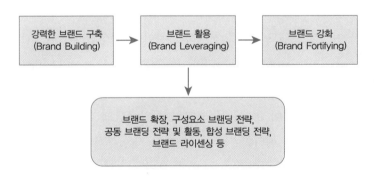

브랜드 자산관리 단계

이러한 브랜드 연계 전략들은 소비자들의 기대욕구가 다양해지고 시장의 경쟁 강도가 높아짐에 따라 단일 제품에 부착되는 개별 브랜드만으로는 더 이상 브랜드의 차별화나 시장 점유율의 확대가 어려워진 상황에서 요구되고 있다.

국내 시장에서 최고의 브랜드라 여겨지는 삼성 역시 끊임없이 더 나은 브랜드, 최고 중의 최고를 찾는 소비자들의 니즈에 대응하기 위해 특정 분야에서 핵심 경쟁력을 지닌 브랜드들과의 연계를 추진해 왔다. 이러한 브랜드 연계는 소비자들에게 신선하고 이상적인 브랜드 경험을 제공하고 브랜드 자산가치를 강화시킬 수 있다.

브랜드 연계 활동은 브랜드의 핵심가치를 공유하면서 윈윈의 결과를 추구하는 것으로, 혼자만의 브랜딩보다 비용을 절감할 수 있고 고객 만족을 통해 로열티를 강화할 수 있으며 협력 브랜드의 고객을 확보할 수 있다. 또한 브랜드 자산을 빌려주는 대가로 추가 매출의 기회를 얻고 브랜드 가치를 더욱 제고할 수 있다.

구성요소 브랜딩 전략

구성요소 브랜딩 전략은 브랜드 제품을 구성하는 필수 요소나 소재를 이용해 브랜드 자산을 창출하는 것이다. 삼성전자는 월드컵 공식 스폰서인 T-Mobile과의 제휴를 통해 Official England Samsung E370폰을 출시하여 잉글랜드 축구 대표선수 및 코칭스태프 전원에게 지급하였다. 이 휴대폰은 스크린에 잉글랜드 대표팀 로고인 3 Lion을 사용하고 베터리에는 잉글랜드 국기를 부착하였으며 잉글랜드 대표팀의 역대 주요 경기 영상 및 유명 선수의 경기 장면을 제공하는 등 직접적인 후원사가 아님에도 공식 스폰서와의 제휴를 통해

구 분	전 략
구성요소 브랜딩(Ingredient-Branding) 전략	브랜드 제품을 구성하는 필수적인 요소나 재료에 대한 브랜드 자산을 창조하는 브랜드 전략
공동 브랜딩	이미 구축된 독자적인 연상군을 가지고 있는 기존의 기업 브랜드나 패밀리 브랜드를 연결하여 신제품을 출시하는 전략
공동 브랜딩 활동	브랜드들이 제휴하여 광고, 판촉 등 마케팅 활동을 통해 시장을 개척하는 공동 브랜딩 활동
합성 브랜딩(Composite-Branding) 전략	두 개의 기존 브랜드를 하나의 제품에 동시 사용하는 브랜드 확장의 한 형태
라이센싱(Licensing) 전략	일정한 금액의 로열티를 받고 제품 브랜드에 기여할 수 있는 다른 브랜드의 사용권을 임대하는 전략

〈출처〉 홍성민(2006), Brand Convergence, Branded brand, Cheil Communications

잉글랜드 대표팀을 마케팅에 효과적으로 활용하였다.

이러한 구성요소 브랜딩의 대표적인 사례로 많은 컴퓨터 회사들이 자사 컴퓨터에 'Intel Inside' 로고를 부착하는 것을 들 수 있다. 인텔의 컴퓨터 칩을 내장하고 있다는 표시인 인텔 인사이드(Intel Inside) 마크는 결국 세계적 브랜드인 인텔의 브랜드 자산을 활용하기 위한 것이다.

제품의 구성요소를 부각시킨 또 하나의 사례로 아디다스가 있다. 아디다스는 스니커즈 신발창에 굿이어(Goodyear)의 고무 기술을 적용하고 이를 홍보함으로써 최고의 밀착력과 오래 신어도 쉽게 닳지 않는 내구성의 이미지를 전달하고 있다.

삼성은 이러한 구성요소 브랜딩 전략을 제품에만 국한하지 않고 디자인 측면에도 적용하였다. 일례로 주상복합 아파트 삼성 트라펠리스 55평형의 실내 인테리어와 대구 래미안 수성 아파트의 실내 인테리어를 국내 유명 디자이너인 앙드레김에게 의뢰하였다. 아파트는 고급스런 대리석과 여성스러운 벽지, 귀족풍의 소품 등으로 꾸며져 전체적으로 로맨틱한 느낌을 자아냈고 건물 외벽과 복도, 로비 등에는 앙드레김의 핸드 프린팅이 들어갔다. 단지 내 산책로도 '앙드레김 스트리트'로 이름짓는 등 아파트 전체가 앙드레김 스타일로 만들어졌다. 또한 트라펠리스 모델하우스에서는 래미안 광고 모델이었던 텔런트 장서희 등이 참가한 앙드레김 패션쇼를 개최하였고 모델하우스의 도우미 의상까지도 그가 디자인하여 프리미엄 이미지를 제고하였다.

공동 브랜딩 전략

공동 브랜딩은 독자적인 연상군을 가지고 있는 브랜드와 결합하여 신제품을 출시하는 것으로 소비자의 입장에서의 브랜드 혜택을 극대화하는 전략이다.

삼성전자는 루이까또즈와 공동 브랜딩을 하였다. 이를 위해 루이까또즈는 파격적인 레드 컬러를 적용한 센스 Q30의 노트북 가방을 제작하였다. 이 가방은 PVC 소재를 사용해 가죽보다 가벼울 뿐만 아니라 기존의 범용 노트북 가방과 달리 두 가지 스타일의 트렌드한 디자인을 적용하여 패션용 핸드백으로도 쓸 수 있도록 했다.

이렇게 제작된 노트북 가방을 구매고객에게 제공하는 프로모션은 루이까또즈에게는 삼성전자의 첨단 이미지를 활용할 수 있는 기회였고 삼성전자는 루이까또즈의 패션 이미지를 활용할 수 있는 윈윈의 공동 브랜딩이었다.

또한 하우젠의 경우에는 침구 전문 브랜드인 박홍근 홈패션과 제휴, 홈패션 매장을 방문하는 모든 고객에게 이불이나 베게 속 진드기와 세균을 제거하는 방법, 냄새를 없애는 방법, 올바른 물세탁방법 등 침구관리 요령이 담긴 가이드북을 배포하였다. 하우젠은 이를 통해 에어워시 제품의 특장점을 고객들에게 자연스럽고 효과적으로 전달하였으며 박홍근 홈패션 측은 고객에게 침구를 팔 뿐만 아니라 관리방법 까지 알려줌으로써 고객 만족도를 제고할 수 있었다.

삼성전자와 메르데스벤츠(Mercedes-Benz)는 제휴를 통해 국내에서 시판되는 최고급 세단 New S600L의 모든 차량에 블루투스 기능이 내장된 애니콜 휴대폰 스킨을 기본 사양으로 채택하였다. 이는 개별 브랜드의 핵심 경쟁력을 효과적으로 모아 시너지 효과를 극대화시킨 사례이다.

글로벌 브랜드에서도 이러한 공동 브랜딩 사례를 쉽게 찾아볼 수 있다. 대표적인 예로 Nike와 iPod의 만남이 있다. Nike + iPod 스포츠 키트는 나이키 신발과 의류에 아이팟을 연결하여 조깅하면서 음악을 들을 수 있을 뿐 아니라 얼마나 빨리 멀리 달렸는지 그리고 칼로리를 얼마나 소모하였는지에 대한 정보를 스크린이나 헤드폰으로 확인할 수 있도록 하였다. 뿐만 아니라 운동이 끝난 후에는 이 정보가 나이키 플러스(www.nikeplus.com)에 등록되어 정보를 공유하거나 비교하는 것도 가능하게 만들었다.

아이들을 위한 전동 칫솔 제품은 무려 4개사가 공동으로 브랜딩을 하였는데, 오랄비의 칫솔과 브라운의 전자기술, 듀라셀의 뱃터리, 그리고 아이들에게 즐거움을 주는 디즈니 캐릭터가 그것이다.

공동 브랜딩 활동

공동 브랜딩 활동은 매출 증대를 위해 관련 있는 브랜드 제품들을 연결하여 광고, 판촉 등 전반적인 마케팅 활동을 함께 전개하는 것을 의미한다.

공동 브랜딩 활동의 하나로 영화 속에서 자연스럽게 제품을 소개하는 PPL은 영화를 보는 소비자들에게 광고라는 인식을 주지 않으면서도 영화의 후광효과를 자연스럽게 제품으로 전이시키는 장점이 있다. 삼성전자는 전 세계 동시 개봉한 영화 슈퍼맨 리턴즈에 LCD TV, 휴대폰 모니터, 프린터 등 디지털 제품 274 종을 제공하여 다양한 디지털 제품군의 종합적인 PPL을 진행하였고, 이를 통해 디지털 기업의 면모를 보여주었다.

영화 속의 신문사 데일리 플래닛의 사무실에는 삼성의 노트북, 프린터, 팩스 등이 놓여 있고, 슈퍼맨이 야구장에 등장하는 장면에서는 대형 전광판에도 삼성 로고가 등장한다. 또한 삼성은 영화 콘텐츠를 이용한 LCD TV 프로모션과 주요 제품 정보를 이용해 영화관련 퍼즐 게임을 푸는 소비자 응모행사, 펀클럽(Fun Club)을 통한 휴대폰용 영화 컨텐츠 제공 등 다양한 온라인 프로모션 활동을 벌였다.

국내 다국적 기업들도 국내 기업과 공동 브랜딩 활동을 추진하고 있다. 메르세데스 벤츠 코리아는 아시아나항공과 제휴하여 VIP 고객들을 대상으로 한 공동 브랜딩 활동을 하였다. 메르데세스 벤츠 코리아 회원이 아시아나 항공 일등석 왕복 항공권을 구매할 경우 동반자에게 무료 항공권을 제공하고 메르세데스 벤츠 코리아는 아시아나항공 일등석 고객이 입출국시 자택에서 공항까지 리무진 서비스를 제공하는 상호 고객관리를 통해 브랜드 이미지를 제고하였다.

이 외에도 합성 브랜딩 전략(Composite-Branding)은 기존의 두 브랜드가 조합을 이루어 신제품의 브랜드 네임으로 사용되는 것을 말하는데, LG-IBM과 같이 두 가지 브랜드 네임이 합성되어 하나가될 때 소비자들은 제품의 품질에 대해 더욱 확신감을 가지게 된다.

브랜드 라이센싱 전략은 상표법이나 저작권으로 보호되는 소유권을 상품화, 서비스, 프로모션 등의 목적으로 일정기간 동안 임대하는 것을 일컫는다. 새로운 브랜드가 브랜드 자산을 구축하는 데는 몇 년이 걸리지만 브랜드 라이센스는 즉각적인 반사이익을 얻을 수 있다는 장점이 있다.

브랜드 연계가 반드시 브랜드 자산을 강화시키는 것은 아니다. 연계된 브랜드의 가치가 심각하게 손상되면 오히려 브랜드가 치명적인 영향을 받을 수 있고, 브랜드 파워의 차이가 클 경우 파트너십이 아닌 수직적 관계로 전락할 위험이 있다.

삼성의 경우도 이러한 위기를 맞이한 적이 있었다. 삼성카드와 삼성자동차 공동 브랜드인 삼성자동차 카드는 발매 후 약 1년만에 500만명 가까운 회원모집을 하여 신용카드 업계 사상 가장 성공적인 카드가 되었다. 삼성자동차 카드를 사용하면 삼성자동차 구입시 최고 100만원까지 할인혜택을 받고 차량 구매 및 관리에 필요한 정보를 지속적으로 얻을 수 있게 하였기 때문이다. 그러나 삼성자동차 영업정지에 따른 소비자들의 불만은 삼성카드 브랜드에 대한 부정적인 이미지로 전이되었다. 이로 인해 기존의 삼성자동차 카드 소유자들은 다른 신용카드사로 옮겨가는 양상을 보여 삼성카드로서는 큰 타격을 입게 되었다.

그러나 브랜드 코드나 목적이 일치하고 핵심 경쟁력이 상호 보완

될 수 있다면 특별하고 강력한 브랜드들간의 연계는 브랜드 자산을 강화시키는 좋은 수단이 될 수 있다. 따라서 삼성이 지속적으로 흥미롭고 참신한 브랜드와의 연계 전략을 구사한다면 잘 알려지고 식상한 브랜드가 아닌 끊임없이 창조와 성장을 거듭하는 브랜드로 자리 잡을 수 있을 것이다.

06

삼성 브랜드 다시 보기

삼성 창립이후 70여년의 시간이 흘렀으며, 삼성은 실패 없이 성장만을 거듭하고 있다. 삼성이 GE와 같은 지속적인 성장 곡선을 그리게 될지, IBM과 같은 굴곡 있는 성장 곡선을 그리면서 성장하게 될지, 아니면 시대의 저편으로 사라지게 될지는 삼성만의 메커니즘을 어떻게 만들어낼 것인가에 의해 좌우될 것이다.

삼성 브랜드의 시작은 이병철 회장이 삼성상회를 시작한 1938년으로 거슬러 올라간다. 삼성과 같은 시기에 설립된 글로벌 브랜드로는 1938년에 설립된 휴렛팩커드가 있으며, 10년 일찍 모토롤라가 그리고 약 10년 늦게 소니와 월마트가 탄생하였다. 삼성 건립 이후 제2세대 경영 체제를 맞아 삼성은 글로벌 브랜드로 놀랄만한 성장을 거듭하고 있다. 따라서 이러한 놀라운 발전 속에서 삼성이 진정한 글로벌 브랜드로서의 지속적인 경쟁 우위를 획득하기 위해서는 다음의 몇 가지 점들을 주의 깊게 돌아볼 필요가 있다.

삼성 브랜드만의 메커니즘을 창조해야 한다

지속적인 경쟁 우위를 달성하면서 글로벌 장수 브랜드로 성장하는 기업의 특성은 크게 주체(Subject), 환경(Environment), 자원(Resource), 그리고 메커니즘(Mechanism)의 관점에서 설명할 수 있다.

기업의 성공을 주체의 관점에서 살펴보는 것은, 성공 요인을 최고 경영자의 탁월한 역량으로 설명하는 것이다. 즉, GE, IBM, Microsoft 등이 수십 년간 업계 1위를 유지하면서 글로벌 브랜드로서 지속적인 이윤을 내고 있는 원인을 잭 웰치, 루 거스너, 빌 게이츠와 같은 세기적 경영자가 있었기 때문이라고 설명하는 것이다.

다음으로 환경적인 측면에서 기업의 성공 요인을 찾는 것은, 각 산업군별 평균 이윤이 다르기 때문에 이윤율이 높은 산업의 선택여부에 의해 기업의 성패가 결정된다고 보는 것이다. 휴렛팩커드는 환경에 의해서 사업초기 성장을 할 수 있었는데, 특히 1940년대 초 군수물자 납품 덕분이었다.

그리고 자원에서 성공요인을 보는 관점은, 기업 내부에 있는 독특한 자원에 의해 결정된다고 하는 것이다. 이는 기업의 핵심역량, 지식 등으로 설명될 수 있다.

마지막은 메커니즘 관점에서 기업의 성공 요인을 찾는 것인데, 이는 특정 시점의 기업경쟁력에 영향을 주는 것은 주체, 환경, 자원 등 어느 한 가지 요인이 아니라, 오랜 시간을 거쳐 기업내에 구축되어온 기업의 운영원리 또는 경영방식이라고 설명하는 것이다. 메커니즘은 기업 내에서 주체가 환경을 선택하고, 자원을 활용하는 기업 경영의 논리이자 주체, 환경, 자원의 요인들이 상호작용하는 과정에서 형성된 기업 경영의 원리이다. 기업은 좋은 메커니즘을 창출하고 유지시키며 이를 환경변화에 따라 발전시켜 나갈 때 진정한 의미에서의 경쟁우위를 가질 수 있게 된다.

각 기업들은 다른 기업들과 다른 주체, 환경, 자원을 가지고 메커니즘을 구축하기 때문에 메커니즘은 각 기업이 가진 고유한 특징을 반영하게 된다. 또한 기업은 다른 기업이 가진 메커니즘이 무엇인지 밖에서 알아내기가 어렵기 때문에 이를 모방하기가 어렵다. 따라서 기업이 가지고 있는 고유의 메커니즘은 타 경쟁 기업들에 의해 모방이 어려운 지속적 경쟁우위의 원천이자 장기적 성공의 원인이 될 수 있다. 이에 반해서 주체, 환경, 자원을 가지고 형성한 경쟁우위는 경쟁 기업에서 쉽게 인지될 수 있기 때문에 지속적 경쟁우위의 원천이나 장기적 성공의 원인이 되기 어렵다.

잭 웰치에 의하면 기업 최고 경영자의 가장 중요한 첫 번째 역할은 메커니즘, 즉 운영 시스템을 구축하는 것이고, 두 번째 역할은 메커니즘을 제대로 운영할 수 있는 CEO를 선택하는 것이라고 했다. 그러나 여기에서 한 가지 반드시 짚고 넘어가야 할 문제는 이렇게 기업 내에 구축된 메커니즘이 제 기능을 발휘하지 못하거나 오히려 이너시아(inertia)로 작용하여 기업에 악 영향을 미치는 경우이다.

원칙적으로 메커니즘은 급속하게 변하기보다는 점진적으로 변하는 특성을 가지고, 최고 경영자의 의사결정 결과에 의하여 파생된 경험과 지식이 축적되면서 조금씩 변화하게 된다. 즉, 주체가 환경변화에 대응하여 자원을 활용하는 과정에서 학습되고 이 학습과정에 의하여 진화하게 되는 것이다.

GE가 수십년간 업계 1위를 고수해온 명실공히 '지속적 경쟁우위'를 확보하고 있는 글로벌 브랜드라는 사실을 상기해보면 잭 웰치가 기업 메커니즘에 대한 명확한 이해를 갖고 있음을 알 수 있다.

잭 웰치는 20년 동안 CEO로 있으면서 가장 큰 비중을 후임 경영자를 선정하는 데 두었다고 했다. 또 CEO가 가장 중요한 이슈로 챙겨야 할 일은 기업이 스스로 돌아가도록 하는 메커니즘과 운영 시스템을 만드는 것이라고 했다. 우리나라의 일반적인 최고 경영자가 환경과 자원을 결합해 전략을 구축하는 SWOT 분석에 치중하고 있는 반면 잭 웰치 회장은 그 반대로 바람직한 최고 경영자를 고르고, 그 경영자가 기업에 필요한 메커니즘을 만드는 데 신경을 써야 한다는 것을 강조하고 있는 것이다.

삼성이 한국의 대표브랜드가 되기까지 이병철 회장과 이건희 회장이 훌륭한 지도자 역할을 했음을 누구도 부인하지 않는다. 또한 삼성이 글로벌 브랜드가 되기 위한 전략 결정의 순간에 이들이 지도자(주체)로서 삼성의 내부 역량(R)을 최대한 활용하고 주어진 환경(E)을 적절하게 창조하여 왔음을 반도체 사업의 성공에서 찾아볼 수 있다.

그러나 이제 삼성이 글로벌 브랜드로의 명성을 유지하기 위해서는 누구도 모방할 수도 없는 삼성만의 기업 메커니즘을 구축하고 이를 운영할 수 있도록 하여야 한다.

즉, 최고 경영자의 뚜렷한 비전 아래 당면한 환경과 가능한 자원을 활용해서 기업 특유의 메커니즘을 구축해야만 그 산업을 이끌어 가는 선도 기업이 될 수 있다. 또한 메커니즘은 단기간에 형성될 수도 있지만, 이것이 지속적인 경쟁우위를 갖기 위해서는 경쟁자가 모방할 수 없고 새로운 환경변화에도 적합하도록 메커니즘을 끊임없이 개선하는 노력이 필요하다. 그리고 혁신이라는 이름 하에 단순히 종업원을 해고하고 부서를 통폐합하며 생산 라인을 재조정하는 것이 아닌 진정한 메커니즘의 혁신을 실행할 수 있어야 한다.

노키아가 성공하였던 배경을 정리해보면 다음과 같은 전략이 뒷받침되어 지고 있다. 노키아는 매출 증대를 위한 덩치 불리기 신화에 대한 집착을 버리고 경쟁력 있는 사업에만 집중 투자하였다. 즉, 잘 할 수 있는 통신사업에 경영자원을 적극 투자하였다. 또한 핵심 역량 구축에 힘을 기울여, 사업 확장에 중점을 두기보다는 핵심사업에 주력하였으며, 기업 전략을 회사 구성원과 공유함으로써 구성원 개개인의 역할과 책임에 방향성을 제시하였다, 이는 곧 신선한 아이디어의 수렴과 진취적인 일 처리를 위한 기반이 될 수 있었다. 그리고, 관료적인 조직 문화를 과감히 버리고 능력 위주의 젊은 조직 문화를 구축함으로써 조직의 생산성 향상을 도모하였다.

이러한 기업 전략을 통해 노키아는 결국 '목욕탕에까지도 갖고 들어가고 싶은' 멋지고 편한 휴대폰 단말기를 개발하여 전 세계로 수출, 엄청난 달러를 벌어들일 수 있었다.

반사 고속도로 표지판, 비디오 녹음테이프, 오버헤드 프로젝터 (OHP), 컴퓨터용 디스켓, 3M 포스트 잇 등을 개발한 3M이야말로 진화론적 발전을 지속하기 위해 잘 고안된 메커니즘이 절묘하게 돌아가고 있는 브랜드 중 하나다.

3M의 핵심 이념은 첫 번째 기본적으로 새로워야 한다는 것이다. 3M은 혁신적인 아이디어만을 원했다. 두 번째 기준은 현실 문제를 해결하려는 인간의 욕구를 채워 줄 수 있어야 한다는 것이다. 이를 위해 직원 개인의 기업가 정신과 실험주의를 적극 장려하는 경영을 실천하였고, 이러한 메커니즘에 의해 3M은 1990년까지 40개의 제품 부서를 만들고 6천 개의 제품을 내놓을 수 있었다.

3M은 직원들에게 문제점을 발견하고, 아이디어가 떠오르면 아무리 작은 것이라도 시작하도록 자극했다. 다양하게 쓰이는 3M의 포스트잇은 무엇인가를 해야만 우연히라도 무엇인가를 얻을 수 있다는 철학에 따라 3M이 경영해 왔다는 점을 보여주는 대표적인 사례다.

삼성도 삼성 브랜드만의 비전을 가지고 어느 누구도 모방할 수 없는 기업 운영의 메커니즘을 만들수 있어야 한다.

글로벌 브랜드들이 어려운 시기에 대해 면역성을 갖고 있는 것은 아니지만, 끝까지 살아남는 탄력성과 장기적으로 훌륭한 기업 성과를 보여주었다. IBM의 예를 들어보면 1990년대 나타난 IBM의 문제점이 무엇이든 IBM이 두 차례의 세계대전, 대공황 등을 포함하는 70여 년 동안 인상적인 기록들을 남겼다는 사실이다. 사무 기기 분야에서 70여 년 동안 IBM과 필적하는 기록을 남긴 회사는 없을 정도며, IBM이 가장 어려웠던 시절에도 언론은 IBM을 국보라고 지칭할 정도였다.

3M의 메커니즘

15% 원칙	기술직 직원들에게 자신이 선택하고 고안한 프로젝트에 근무시간의 15%를 투자하도록 독려하는 오랜 전통	예기치 않은 혁신적인 제품을 발견하여 성공으로 이끌어줄 계획하지 않은 실험과 변화를 자극하기 위한 것이다.
25% 원칙	각 부서는 최근 5년 동안 시장에 내놓은 신제품과 서비스로부터 연간 총매출의 25%를 얻어낸다. (1993년에는 비율을 30%로 올렸고, 최근 5년을 최근 4년으로 변경했다.)	끊임없이 신제품을 개발하도록 자극하기 위한 것이다. (예를 들어 1988년 3M의 총 매출 106억 달러 중 32%가 최근 5년 이내에 내놓은 신제품으로부터 나왔다.)
'위대한 전진' 상	3M에서 성공적으로 신규 사업을 일으킨 사람에게 수여되는 상	기업 내부에서 기업가 정신과 위험 감수의 태도를 자극하기 위한 것이다.
신규사업 기금	연구진들이 신제품을 만들고 시장에서 시험하는 것을 돕기 위해 연구진에게 5만 달러까지 내부 자본을 제공한다.	새로운 아이디어를 시험해 보고 기업 내부의 기업가 정신을 자극하기 위한 것이다.
기술 개발상	새로운 기술을 개발하고 그 기술을 타부서와 성공적으로 공유하는 데 기여한 사람에게 수여된다.	기술과 아이디어를 기업 내부에 확산시키는 것을 자극하기 위한 것이다.
칼턴회	3M 내에서 뛰어난 기술적 기여를 한 사람들만 들어갈 수 있는 기술자들의 모임	신규 기술과 혁신적인 제품 개발을 자극하기 위한 것이다.
'자기 사업' 기회	성공적으로 신제품을 개발하여 그것을 자기 자신의 프로젝트, 부서, 혹은 본부에서 운영할 수 있는 제도	기업 내부의 기업가 정신을 자극하기 위한 것이다.
'이중 사다리' 방식의 경력 관리	기술직과 전문직에 종사하는 사람들을 위해 전문가적인 관심과 연구 업무를 희생하지 않고도 진급할 수 있도록 경력관리를 해준다.	전문가와 기술직 직원들이 경영자로서 완전히 전향할 필요 없이 진급을 계속하도록 배려하여 혁신 그 자체를 계속 독려하기 위한 것이다.
신상품 시사회	모든 부서의 사람들이 각 부서별로 신규 제품을 소개한다.	부서간의 새로운 아이디어를 자극하기 위한 것이다.
기술평가 위원회	3M의 모든 직원들이 기술 논문을 발표하고, 새로운 아이디어와 결과를 교환한다.	아이디어, 테크놀러지, 그리고 혁신의 활발한 교류를 도모하기 위한 것이다.
문제 해결반	상이하고도 특이한 고객의 불만을 해결하기 위해 소규모 집단을 현장에 파견한다.	새로운 기회를 열어주는 신호이기도 한 고객의 불만을 통해 혁신을 촉진하기 위한 것으로 3M은 지속적으로 이 과정을 반복함으로써 1920년대에 우연히 마스킹 테이프를 만들어 낼 수 있었다.
강한 효과 프로그램	각 부서는 짧고 구체적으로 짜여진 시간틀 안에서 마케팅할 1~3개의 우선 상품을 선별한다.	상품 개발과 시장 출시 사이클을 가속화하여 혁신적인 '변형과 선별' 사이클을 향상시키기 위한 것이다.
소규모의 독립적인 부서와 유니트	1990년 현재 연간 평균 매출액이 2억 달러인 생산 부서가 42군데, 인원 규모가 115명인 공장들이 40개 주의 작은 마을들에 산재되어 있다.	대기업 안의 작은 기업이라는 느낌을 불어넣어 줌으로써 개인의 자발적인 노력을 촉진하기 위한 것이다.
수익 배분의 조기 실시	1916년에 처음 주요 직원들에게 도입되었으나, 1937년 전 임직원들에게 확대되었다.	각 개개인이 회사에 투자하고 있어 회사 전체가 벌어들이는 수익에 동참할 권리가 있다는 인식을 자극하기 위한 것이다. 그렇게 함으로써 개개인의 노력과 기업가 정신을 자극할 수 있다.

<출처> 짐 콜린스 · 제리 포라스, 워튼 포럼 역(2006), 성공하는 기업들의 8가지 습관

글로벌 브랜드 중 GE는 창업이후 실패 없이 성장만을 기록하고 있으며, IBM은 1990년대 어려움을 겪어야 했다. 삼성 창립이후 70여년의 시간이 흘렀으며, 삼성은 실패 없이 성장만을 거듭하고 있다. 삼성이 GE와 같은 지속적인 성장 곡선을 그리게 될지, IBM과 같은 굴곡 있는 성장 곡선을 그리면서 성장하게 될지, 아니면 시대의 저편으로 사라지게 될지는 삼성만의 메커니즘을 만들어낼 것인가에 달려 있다. 그리고 변화하는 새로운 환경에서 브랜드가 지속적인 성장곡선을 그릴 수 있도록 끊임없이 새로운 가치를 발견하고 이를 브랜드에 부여하는 노력에 의해 좌우될 것이다.

삼성도 약점이 있다

브랜드란 이미지, 즉 관련된 연상이 매우 중요하다. 따라서 브랜드 연상은 독특하고 호의적일 뿐만 아니라 강력해야 한다.

3M 포스트 잇 메모지, 포드 모델 T와 무스탕, 보잉 707과 747, 타이드 세제와 아이보리 비누, 아메리칸 익스프레스 카드와 여행자 수표, 존슨 앤 존슨의 밴드 에이즈 반창고와 타이레놀, 소니 트리니트론 TV와 휴대용 워크맨 등은 그들의 업종 내에서 다른 회사들에게 널리 인정받고 주위에 큰 영향을 끼친, 세상에서 지워지지 않는 관련된 연상들이며 자취들이다. 그리고 이러한 자취들은 반드시 제품만을 의미하는 것은 아니다. 빌 휴렛과 데이비드 패커드의 궁극적인 창조물인 휴렛 패커드 방식이나 볼보의 '안전', 벤츠의 '품격' 이라는 브랜드 컨셉도 이에 해당된다.

삼성은 대한민국 사람이라면 누구나 인정하는 강력한 브랜드임에 틀림없다. 그러나 삼성하면 떠오르는 것이 무엇일까에 대해 생각해 보면 너무 많은 것을 떠올리게 되거나 마땅히 떠오르는 것이 없는 경우가 많다.

이는 삼성이라는 브랜드가 강한 연상을 가지기에는 불리한 상황에 처해 있기 때문이다. 삼성이 다루고 있는 제품 분야는 수백 가지가 넘는다. 이는 모든 부분을 동등하게 잘 할 수 없다는 것을 의미하며, 더 나아가 한 분야에 대한 강력한 연상이나 이미지를 가질 수 없다는 것을 의미하기도 한다.

사람들은 삼성이 만들면 무엇이든 좋을 것이라는 믿음을 가지고 있다. 이러한 평가는 삼성에게 매우 유리한 작용을 함과 동시에 많은 부담을 안겨준다. 브랜드에 대한 평가는 구체적인 정보 없이 이루어지는 경우가 많아 깨지기도 쉽기 때문이다. 삼성이 가진 호의적이지만 막연한 이미지는 경쟁자가 구체적인 정보를 제시하면 공격 당하기 쉽고, 사람들의 많은 관심을 받는 만큼 허점이 조금만 드러나도 비난 받기 쉽다.

고객들은 삼성 계열의 모든 브랜드들을 삼성이라는 브랜드 이미지와 통합해서 기억한다. 이러한 현상은 삼성이라는 브랜드 하나가 삼성에서 다루는 수백 가지 브랜드를 좌지우지할 수 있음을 의미한다.

기업 입장에서 삼성 브랜드의 축적된 자산을 활용하여 효율성을 높일 수 있지만 동시에 삼성 브랜드가 삼성이 다루고 있는 수많은 브랜드들에 긍정적인 영향을 미칠지에 대해서는 신중한 검토가 필요하며, 삼성이라는 브랜드가 얼마나 중요한 역할을 하고 있는지에 대해서도 다시 한번 생각해보아야 할 것이다.[1]

진정한 의미의 한국 대표브랜드가 되어야 한다

오랫동안 업계 1위 브랜드를 유지하거나 시장 점유율이 50% 이상을 넘게 되면 마땅한 경쟁 브랜드가 없기 때문에 나태해지기 쉬운 것이 사실이다. 그러나 삼성은 그들이 주장하는 '한국의 대표브랜드'가 되기 위해 '한국의 대표브랜드'로서의 책임과 의무를 지속적으로 수행해야 한다. 즉 삼성 브랜드 자신이 가장 큰 경쟁자라 생각하고 대표브랜드에 걸 맞는 비전을 세우고 이를 달성하기 위해 끊임없이 노력해야 하는 것이다.

소니의 예를 들어보면 1950년대 후반 '도쿄통신공업'이라는 회사명을 변경할 당시 회사의 거래은행은 '도쿄통신공업'이라는 이름이 무역 업계에 알려지는 데 10년이 걸렸기 때문에 이제야 회사명을 변경하는 것은 무의미하다며 크게 반대하였다.

그러나 소니의 모리타 아키오는 "아직 우리 회사가 작고, 일본 시장은 아주 크고 잠재적으로 매우 활발한 시장임을 알고 있지만 나에게 명백했던 것은 세계로 시장을 넓히지 않으면 내가 꿈꾸어온 회사로 성장할 수 없다는 것이었다. 우리는 품질이 나쁘다고 인식된 일본 제품의 이미지를 바꾸어 놓고 싶었다."라고 하면서 회사명 변경의 의지를 밝혔다.

소니는 기업 자체의 이익보다는 국가 발전에 기여하고자 하는 비전이 있었기에 일본의 대표기업으로 성장할 수 있었다. 소니가 역사상 가장 저렴한 라디오를 만드는 데 그치지 않고 혁신을 거듭하여 지금의 소니가 된 것은 세계에서 일본의 위치를 향상시키는 주역이 되겠다는 비전이 있었기 때문이다.

1950년대 '메이드 인 저팬'이 값싼 2등급의 저품질을 의미했을 때 소니는 자신의 성공을 바랐을 뿐아니라 일본 상품의 이미지를 바꾸어 놓을 최고의 회사가 되기를 원했으며 그 결과 일본 제품에 대한 이미지를 바꾸어 놓았고, 일본 문화와 국가적 지위까지 향상시켰다.

삼성 역시 대한민국 대표브랜드로서 국가를 생각하는 비전을 수립하고 책임과 의무를 수행할 수 있어야 하며 대한민국 대표브랜드가 되기 위한 헌신을 아끼지 않아야 한다. 기업이 아무리 많은 수익을 낸다 하더라도 내부 구성원뿐 아니라 투자자, 공급자, 지역사회, 국가에 피해를 끼치는 브랜드라면 존재의 이유가 없기 때문이다.

기업의 핵심가치나 비전은 쉽게 표현할 수는 있어도 실천하기 어려운 점이 있는 것이 사실이다. 'GE는 좋은 것을 만든다' 하면 대부분의 사람들은 별 생각 없이 받아들이지만 GE에 있는 모든 사람들은 이 말을 들을 때 온 몸이 오싹해진다고 한다. 이 정도로 기업 내에 브랜드의 핵심가치를 실현하기 위한 축적된 가치와 헌신이 있다는 이야기이다. 삼성 역시 대한민국 대표브랜드라는 말에 삼성에 몸담고 있는 모든 사람들이 전율을 느낄 만큼 축적된 가치와 헌신이 있는지 생각해 보아야 할 것이다.

이러한 축적된 가치와 헌신이 있을 때 존경받는 브랜드, 글로벌 시장에서 고객들에게 신뢰를 얻는 롱런 브랜드가 될 수 있는 것이다. 결론적으로 삼성이 글로벌 브랜드로 자리매김하기 위해서는 한국의 대표브랜드로서 한국 사회의 생존과 발전을 위하여 적극적으로 나서야 하며, 사회적 요구를 적극적으로 받아들여 한국의 대표브랜드로서 그 책임과 의무를 수행할 수 있어야 한다.

롱런 브랜드의 조건

미국에서 해마다 수퍼마켓으로 쏟아져 나오는 새 브랜드는 3만 개가 넘는다. 하지만 이중에서 소비자가 기억하는 브랜드는 고작 7개뿐이라고 한다. 이처럼 매년 수많은 브랜드가 태어나지만 브랜드 전략과 실행력에 따라 그 운명이 결정된다. 즉 브랜드 전략의 차별성에 따라 고객들에게 사랑을 받으며 장수하는 '롱런 브랜드'로 남거나, 아니면 시장에 나오자마자 흔적 없이 사라지는 많은 '단명 브랜드' 중 하나가 되는 것이다.

롱런 브랜드는 그 이름 하나만으로 기업에게 엄청난 부가가치를 안겨준다. 100년이 넘는 역사를 지닌 코카콜라와 말보로의 예를 살펴보자. 어디서나 한결같은 맛으로 세계인의 청량음료가 된 코카콜라는 영국의 브랜드 자산가치 평가기관인 인터브랜드사의 2000년 평가 결과 세계 1위 브랜드의 영예를 차지했다. 인터브랜드사는 코카콜라의 자산가치가 무려 100조원에 달하는 것으로 평가했다.

100년이 넘도록 이름, 제품 포장, 광고, 색상 디자인 등을 한결같이 유지하면서 전 세계를 평정하고 있는 필립모리스(Philip Morris)의 대표 브랜드, 말보로 또한 자산가치가 30조원에 달하는 것으로 나타났다. 그러나 이러한 브랜드 자산은 하루아침에 구축되는 것이 아니다. 꾸준한 관리와 적절한 브랜드 전략 수립에 의해서만 가능한 일이다.

고집과 끈기로 브랜드의 일관성을 지킨다

그동안 기업 경영의 중심은 70년대와 80년대 매출액 위주에서 90년대 후반 이후 수익 위주로, 그리고 21세기를 접어들면서 시장가치 극대화 위주로 바뀌어왔다. 최근에는 지속가능성을 확보하는 것이 기업의 가장 큰 화두가 되고 있다. 즉 많은 기업들이 특정 시점이나 특정 기간에 많은 수익을 내는 것보다 오랫동안 꾸준한 수익을 창출하는 장수기업 쪽으로 눈을 돌리고 있는 것이다. 이는 기업이 아무리 많은 수익을 낸다하더라도 내부나 외부의 위기 때문에 순식간에 사라져 버리고나면 내부 구성원뿐 아니라 투자자, 공급자, 지역사회, 국가에 미치는 피해가 너무 크기 때문이다.

이런 차원에서 보면, 브랜드 약속을 정의하고 그것을 이해관계자들에게 일관되게 커뮤니케이션하여 신뢰와 지지(브랜드 자산)를 얻는 일련의 브랜드 경영 활동은 미래 기업의 장수경영과 밀접한 관련이 있다. 결국 롱런 브랜드란 기업 또는 제품이 고객과 오랫동안 흔들림없는 유대관계를 구축하는 데 성공한 브랜드를 의미한다.

따라서 기업 브랜드든 제품 브랜드든 지금까지 장수한 브랜드들의 성공요인을 살펴보면, 지속가능성을 확보하는 장수경영에 관한 시사점을 얻을 수 있을 것이다. 그렇다면 구체적으로 롱런 브랜드가 되기 위한 조건에는 어떠한 것이 있을까?

첫째, 브랜드가 롱런하기 위해서는 보다 세밀하고 일관된 브랜드 전략을 수립하고 관리해야 한다. 브랜드 전략을 수립할 때 가장 먼저 하는 일은 브랜드 경영의 인프라라 할 수 있는 브랜드 플랫폼을 구축하는 것이다. 즉, 브랜드의 비전을 정하고, 브랜드 아이덴티티와 포지셔닝 그리고 브랜드 컨셉을 세우는 것이 브랜드 전략 수립의 기초 단계다. 롱런 브랜드가 되려면 이 과정에서 세밀하고 일관된 접근이 요구된다. 예를 들면, 세계적인 차 볼보는 '안전'이라는 브랜드 컨셉을 가지고 있고, 벤츠는 '품격'이라는 브랜드 컨셉을 가지고 있다. 만일 벤츠가 더 이상 품격을 상징하지 않고 소비자들의 마음에 볼보가 가장 안전한 자동차가 아니라는 이미지가 자리잡기 시작한다면, 이 브랜드들은 급속히 사라지고 말 것이다. 그리고 고품격을 강조하는 브랜드가 정기적으로 세일을 진행하거나 이월 상품을 판매하면 브랜드 컨셉은 무너지고 브랜드는 단명할 수밖에 없다. 따라서 국내 시장이나 세계 시장에서 살아남기 위해서는 반드시 일관된 브랜드 전략을 수립해야 한다.

둘째, 국내에서 성공한 브랜드가 글로벌 롱런 브랜드로 거듭나기 위해서는 브랜드의 문화적 가치를 높여야 한다. 즉 세계인의 공통적인 문화 트렌드를 파악하여 이를 반영하는 브랜드 커뮤니케이션 활동을 해야 한다. 그래야만 세계 시장이 수용할 수 있는 브랜드 이미지를 구축할 수 있기 때문이다. 폴크스바겐은 '소비자의 가치관 변화', 베네통은 '인류애', 그리고 바디샵은 '환경보호'라는 문화적 가치를 브랜드 아이덴티티의 핵심으로 삼아 성공적인 브랜드를 구축하였다.

마지막으로, 글로벌 시장에서 롱런 브랜드가 되기 위해서는 존경받는 기업이 되어야 한다. 존경받는 기업이란 이익을 창출하는 것 이외에 기업의 사회적 책임을 이행함으로써 고객들에게 신뢰를 얻는 기업을 말한다. 따라서 기업은 이윤추구와 고용창출이란 기본 가치를 넘어서 기업이 속한 사회의 생존과 발전을 위하여 적극적으로 나서야 한다. 최근 일부 기업들은 이러한 사회의 변화와 요구를 적극적으로 받아들여 '윤리경영'이나 '지속가능경영'의 이름하에 자발적으로 친환경적 경영활동, 사회공헌활동 등을 펼치고 있으며, 이는 기업에 직접적인 이익을 주기도 한다. 예를 들어 포스코는 지속가능경영 방식을 채택한 이후 2003년에는 22.4%, 2004년에는 37.8%라는 높은 성장률을 기록하면서 브랜드 자산을 구축해나가고 있다.

브랜드 자산가치 평가를 통해 브랜드 로열티를 높인다

대부분의 기업들은 월별 또는 분기별로 정기적인 실적 평가를 시행한다. 그러나 이와 같은 단기 실적 평가는 오히려 롱런 브랜드가 되는 것을 저해할 수 있다. 단기 실적을 맞추기 위해 편법을 사용하거나 우왕좌왕식 영업활동을 조장할 수 있기 때문이다.

만일 GUCCI나 BMW와 같은 브랜드가 단기 영업실적을 채우기 위해서 가격 할인을 하고, 단기 손익을 맞추기 위해 생산소재의 품질을 낮춘다면 브랜드 파워가 그대로 유지될 수 없을 것이다. 따라서 축적된 브랜드 파워를 통해 고부가가치를 획득하고 가격경쟁에서 벗어나 브랜드 로열티를 높이기 위해서는 실적 평가와 함께 브랜드 가치 평가를 실시해야 한다.

브랜드 가치 평가란 현재 브랜드 자산이 어느 수준에 있으며 목표한 바에 도달하기 위해서 어떠한 활동을 해야 하는가를 밝혀내는 작업으로 브랜드를 관리하고 육성하는 데 있어 필수적인 과정이다. 이는 기업의 브랜드 자산이 매출이나 이익에 기여하는 정도를 파악하게 해주고, 마케팅 담당자나 브랜드 관련 업무를 하는 사람들에게 브랜드 로열티를 형성하는 법과 그것을 긍정적인 시장성과로 연결하는 방법에 대해 알려 준다. 뿐만 아니라 브랜드 가치 평가는 사업단위별 브랜드 투자에 대한 성과평가(ROBI, Return On Brand Investment), 마케팅 투자에서의 분배 및 투자자로부터의 지원획득을 위한 자료 제공, 전략적 제휴 시 각 브랜드의 기여도에 대한 정확한 파악, 합병후 사용할 브랜드 결정과 추후 브랜딩에 대한 제언 제공 등을 위해 꼭 필요한 필수 과정이다.

American Express, IBM, Accenture, Fujitsu 등 많은 기업들이 브랜드 의 사결정 및 투자와 관련한 전략적 관리 툴로서 브랜드 가치 평가를 적극 활용하고 있으며 그 범위가 점차 확대되고 있는 추세다. 따라서 롱런 브랜드를 만들기 위해서는 경영활동의 기본인 계획(plan)-실행(do)-평가(see) 활동의 도입을 통해 체계적으로 브랜드 자산가치를 평가해야 한다. 그리고 기업은 이같은 브랜드 자산가치 평가를 통해서 브랜드 로열티를 높이기 위한 전략을 세우고 그것의 실행에 대한 피드백이 이루어질 수 있도록 기업 내 브랜드 경영 메커니즘을 정착시켜야 한다.

01_ 삼성 브랜드 만들기

1. 신철호(2002), 장기전략계획과 경쟁전략, 서울경제경영 pp. 58~65, 월간
   조선, 집중취재: 세기의 대결―삼성의 경쟁력은 인재 제일주의, 2003.10.1,
   한상복(1995), 외발 자전거는 넘어지지 않는다, 하늘출판사 pp. 15~35
   인용 및 재구성
2. 삼성월드(2004년 겨울호), 반도체 신화의 제 2도약: 삼성 낸드 플래시 메
   모리, pp. 34~36 인용 및 재구성
3. 손일권(2003), 브랜드 아이덴티티, 경영정신 pp. 321 참조
4. 한창훈(2000), 브랜드 시각 아이덴티티 효과 연구, 경희대 대학원 pp.
   70~73 참조

02_ 삼성표 브랜드 관리하기

1. 데릭 리 암스트롱 · 캄 와이유, 홍성태 외 역(2004), 페르소나 마케팅, 더
   난출판 pp. 5 참조
2. 서울신문, 〔이젠 사람입국이다〕 시스템을 만들자: 삼성전자의 인재교육,
   2005.3.21 참조
3. 파이낸셜뉴스, 〔新온고지신〕 故 이회장, 신입사원 면접엔 반드시 참석,
   2003.6.29 참조
4. 경향신문, 고 이병철 회장 철두철미, 이건희 회장 대범하게, 2005.12.23
   참조
5. 삼성월드(2003년 여름호), GE의 핵심인재 육성 플랜, pp.23 참조
6. 산업정책연구원(2005), 사계절 축제의 나라, 테마파크 에버랜드 사례집
   인용 및 재구성
7. 이지인(2004), 삼성그룹의 PR 활동에 관한 역사적 분석, 서울대 대학원

언론정보학과, pp. 81~92 인용 및 재구성

8. 동아일보, 삼성그룹 회장 이건희: 제2 신경영의 핵심은 천재 키우기, 2003.6.25 참조

03_ 삼성 브랜드 알리기

1. 이지인(2004), 삼성그룹의 PR 활동에 관한 역사적 분석, 서울대 대학원 언론정보학과, pp. 25~43 인용 및 재구성

2. 제일기획 구승회(1995), 삼성그룹 세계일류 캠페인, 광고정보센터 인용 및 재구성

3. 부경희(2004), 브랜드 커뮤니케이션과 MPR: 브랜드 성숙 단계별 전략, 한국홍보학회 춘계정기 학술대회 pp. 1~2 인용 및 재구성

4. 정해동, 박기철(2004), 마케팅 PR, 커뮤니케이션북스, pp. 332~336 참조

5. 전용선(2003), 영화 속에서 다시 만나는 거인 브랜드, Cheil Communications, 인용 및 재구성

6. 삼성월드(2006년 여름호), 스포츠 정신으로 나눔을 실천하다, pp. 3~5 인용 및 재구성

7. 윤희중 외(2000), PR 전략론, 책과길, '국제 PR 파트', 인용 및 재구성

8. 삼성월드(2003년 겨울호), 사회공헌 활동으로 다져지는 기업의 힘!, pp. 22~23 인용 및 재구성

9. 삼성월드(2002년 가을호), 기업의 사회공헌 활동, pp. 15~16 인용 및 재구성

04_ 삼성 브랜드 리더십

1. 삼성월드(2005년 봄호), '기술경영, 21세기 기업의 생존전략', pp. 52 참조

2. 산업정책연구원(2006), 프론티어 경영, pp.102~109 인용 및 재구성

3. 삼성월드(2001년 겨울호), 삼성 디자인 첨단에 서다, pp.16~19

4. 삼성월드(2006년 봄호), 삼성은 25시간 디자인한다, pp. 2~5 참조

5. 삼성월드(2005년 겨울호), 해외시장 진출의 성공 답안을 찾아: 삼성 SDI 말레이시아법인, pp. 36~38 인용 및 재구성

6. 이데일리, 미국시장 공략기: 삼성전자 메이저리그 진입, 2003.12.11 인용 및 재구성

7. 내일신문, 삼성 브랜드, 향기와 소리로도 느낀다, 2006.8.10 참조

8. 서울신문, 〔이젠 사람입국이다〕시스템을 만들자: 삼성전자의 인재교육, 2005.3.21 참조

05_ 삼성 브랜드 자산가치 관리

1. 데이비드 아커, 브랜드앤컴퍼니 역(2004), 브랜드 포트폴리오 전략, 비즈니스북스, pp. 57~58, 77, 95~97 인용 및 재구성

2. '전중옥, 조봉진, 이명식(2004), 트렌드 창출을 통한 삼성물산 래미안의 브랜드 전략, 한국마케팅저널 제6권 제3호', pp. 131~132 인용 및 재구성

3. 신현암(2002), 브랜드는 자산이다, 삼성월드2001, pp. 10 인용 및 재구성

4. 신현암(2002), 브랜드는 자산이다, 삼성월드2001, pp. 11 인용 및 재구성

5. 삼성월드(2002년 여름호), 브랜드 파워 1위! 글로벌 삼성을 위해, pp. 12~17 인용 및 재구성

6. 홍성민(2006), Brand Convergence, Branded Brands, Cheil Communications, 2006 July, pp. 60~63 인용 및 재구성

06_ 삼성 브랜드 다시 보기

1. 이용찬 외(2004) 삼성과 싸워 이기는 전략, 살림, pp. 10~23 참조

기타 참고문헌

출판물

1. 강호정(2004), 해외 기업들의 인재 확보 전략, 잡코리아 HR Executive

2. 기타오카 도시아키, 장서명 역(2006), 삼성이 두렵다(세계 최강기업), 책
   보출판사

3. 김성홍 · 우인호(2005), 이건희 개혁 10년, 김영사

4. 김순웅(2002), 한국 기업의 사회공헌 활동과 공익연계 마케팅에 관한 연
   구-삼성그룹 공익활동 중심, 고려대 대학원

5. 김준환(1998), 박세리 우승과 스포츠 마케팅, 삼성경제연구소

6. 김황기(2004), 기업의 전략 측면에서 본 사회공헌 활동의 개선방안에 대
   한 연구, 한양대학교

7. 데릭 리 암스트롱 · 캄 와이유, 홍성태 외 역(2004), 페르소나 마케팅, 더
   난출판

8. 데이비드 아커, 브랜드앤컴퍼니 역(2004), 브랜드 포트폴리오 전략, 비즈
   니스북스

9. 마틴 린드스트롬, 최원식 역(2005), 세계 최고 브랜드에게 배우는 오감 브
   랜딩, 랜덤하우스

10. 바디샵(2003), The Body Shop Reputation Management, IPS Korea
    Brand Conference 2003

11. 박지원(2005), 고용 브랜드 구축을 위한 커뮤니케이션 전략, LG 주간경
    제 816

12. 부경희(2004), 브랜드 커뮤니케이션과 MPR : 브랜드 성숙 단계별 전략,
    한국홍보학회 춘계정기 학술대회

13. 브랜드메이저(2001), 메이저 브랜드를 만드는 브랜딩, 새로운 사람들

14. 백지혜(2003), 기업의 문화예술지원에 관한 연구, 단국대학교 산업경영
    대학원

15. 산업자원부 · 한국디자인진흥원(2000), 대한민국 디자인대상 디자인경

영 우수사례

16. 산업자원부 · 한국디자인진흥원(2006), 제8회 대한민국 디자인대상연감

17. 산업정책연구원(2000), 국내 브랜드 가치평가에 관한 연구, 산업자원
    부 · 한국디자인진흥원

18. 산업정책연구원(2005), 사계절 축제의 나라, 테마파크 에버랜드

19. 산업정책연구원(2005), 기업 브랜드 가치평가 결과, Korea Brand
    Conference 200

20. 산업정책연구원(2006), 프런티어 경영, 산업정책연구원

21. 산업정책연구원(2007), 선행디자인 개발사업 신규도입 타당성조사 및
    평가관리체계 연구개발, 산업자원부 · 한국디자인진흥원

22. 삼성(1980), 사보삼성

23. 삼성(1998), 삼성 60년사

24. 삼성(2001), 삼성월드

25. 삼성(2002), 삼성월드

26. 삼성(2003), 삼성월드

27. 삼성(2004), 삼성월드

28. 삼성(2005), 삼성월드

29. 삼성(2006), 삼성월드

30. 삼성전자(2004), Annual Report

31. 삼성전자(2004), Behind the Rise of Samsung Electronics Brand, 디
    자인브랜드경영학회 발표자료

32. 삼성전자(2005), Annual Report

33. 삼성전자(2006), Annual Report

34. 삼성전자(2006), 삼성전자 브랜드관리, 한국디자인진흥원 브랜드 경영
    사례 발표

35. 삼성전자 국내사업부 마케팅팀(2003), 하우젠 브랜드 관리 전략, IPS
    Korea Brand Conference 2003

36. 삼성전자 애니콜 마케팅 그룹(2003), 애니콜 브랜드 성공 사례, IPS

Korea Brand Conference 2003

37. 삼성카드(2003), 삼성카드 브랜드 매니지먼트 전략 및 성과, IPS Korea Brand Conference 2003

38. 삼성SDI(2005), Substantiality Report 2005

39. 손일권(2003), 브랜드 아이덴티티, 경영정신

40. 손형채(2006), 미디어 컨버전스를 통해서 본 IMC의 최근 경향, IPS 브랜드 포럼

41. 스코트 M. 데이비스, 박영미 외 역(2003), 브랜드 자산경영, 박영사

42. 신은주(2005), 기업 PR을 위한 파워브랜드 광고전략 강의, IPS 심화 브랜드 전문가 과정

43. 신철호(2002), 장기전략계획과 경쟁전략, 서울경제경영

44. 신철호(2004), 1등기업 이것이 다르다, LG 애드

45. 신철호(2005), 디자인과 브랜드, 이코노미플러스

46. 신철호(2005), 브랜드 경영, 서울경제경영

47. 신철호(2005), 전사적 브랜드 관리, 이코노미플러스

48. 신철호(2005), 한국 최고의 브랜드: 한국 브랜드에서 세계 브랜드로 가는 길, 흐름출판

49. 신현만(2006), 대한민국 인재 사관학교, 위즈덤하우스

50. 오정석(2005), 고객이 선택하는 브랜드가 되게 하는 BTL 브랜딩, Cheil Communications

51. 유한킴벌리(2007), 지속가능성 보고서

52. 윤희중 외(2000), PR전략론, 책과길

53. 이건희(1997), 생각 좀 하며 세상을 보자, 동아일보사

54. 이용재(2005), 스토리텔링 BTL, 스토리체험 BTL, Cheil Communications

55. 이용찬(2004), 삼성과 싸워 이기는 전략, 살림

56. 이유재 외(2004), 내부 브랜딩: 내부고객의 브랜드 동일시가 내부 고객 만족과 CS활동에 미치는 영향, 마케팅연구

57. 이지인(2004), 삼성그룹의 PR 활동에 관한 역사적 분석, 서울대 대학원 언론정보학과

58. 이채윤(2004), 삼성처럼 경영하라, 열매출판사

59. 임태상(2001), 스포츠마케팅을 활용한 통합적 마케팅 커뮤니케이션에 대한 문제점 및 개선방안, 서강대 경영대학원

60. 전용선(2003), 영화 속에서 다시 만나는 거인 브랜드, Cheil Communications

61. 전중옥 · 조봉진 · 이명식(2004), 트렌드 창출을 통한 삼성물산 래미안의 브랜드 전략, 한국마케팅저널 제6권 제3호

62. 정경원(2006), 디자인경영, 안그라픽스

63. 정지혜(2004), CEO 브랜드를 구축하라, LG 경제연구원 주간경제

64. 정해동 · 박기철(2004), 마케팅 PR, 커뮤니케이션북스

65. 조계현(2005), PR 실전론, 커뮤니케이션북스

66. 조동성(2002), 21세기를 위한 전략 경영, 서울경제경영

67. 조동성(2003), 21세기형 기업전략 강의안

68. 조동성 · 서울대 메커니즘 연구회(2006), 제4의 전략 패러다임 M경영, 한스미디어

69. 짐콜린스 · 제리포라스, 워튼포럼 역(2006), 성공하는 기업들의 8가지 습관, 김영사

70. 제일기획(1995), 삼성그룹 세계일류 캠페인, 광고정보센터

71. 하쿠오도 브랜드 컨설팅, Business Miner 역(2002), 브랜드 경영, 원앤원북스

72. 한국경제신문 특별취재팀(2002), 삼성전자 왜 강한가, 한국경제신문

73. 한상복(1995), 외발 자전거는 넘어지지 않는다, 하늘출판사

74. 한창훈(2000), 브랜드 시각 아이덴티티 효과 연구, 경희대대학원

75. 홍성민(2006), Brand Convergence, Branded Brands, Cheil Communications

76. 홍하상(2003), 이건희 그의 시선은 10년 후를 향하고 있다, 한국경제신문

77. Aaker, David A.(1996), Building Strong Brands: What is a strong brand, New York: The Free Press

78. Aaker, David A.(2004) Brand Portfolio Strategy, Simon & Schuster

79. Al Ries and Laura Ries(2002) The 22 Immutable Laws of Branding, HarperCollins Publishers

80. BusinessWeek, August 2, 2004

81. BusinessWeek, August 1, 2005

82. Crimmins, J., Horn, M., 1996. Sponsorship: From management ego trip to marketing success. Journal of Advertising Research 36 (4), 11~21

83. Davis and Dunn(2002), Building the Brand Driven Business, Jessey-Bass

84. de Chematony, Leslie, Susan Drury, and SuSan Segal~Horn(2003), Builing a Service Brand: Stages, People and Orientations, The Service Industries Journal, 20(3), 1~21

85. Keller, Kevin Lane(1998), Strategic Brand Management: Building, Measuring, and Managing Brand Equity, PrenticeHall

신문기사

1. 경향신문, 유럽을 휩쓰는 한국 TV, 2005.12.01

2. 경향신문, 고 이병철 회장 철두철미, 이건희 회장 대범하게, 2005.12.23

3. 국민일보, 삼성그룹 국제화 선언: 창업 55주년 맞아 이미지 혁신, 1993.3.22

4. 내일신문, 삼성 브랜드, 향기와 소리로도 느낀다, 2006.8.10

5. 동아일보, 삼성그룹 회장 이건희: 제2 신경영의 핵심은 천재 키우기, 2003.6.25

6. 동아일보, 삼성그룹 회장 이건희: 직관이냐, 시스템이냐, 2003.6.28

7. 머니투데이, 대기업들, 고용브랜드 키운다, 2004.5.25

258

8. 머니투데이, 삼성에서 출세하려면, 2004.10.25

9. 매일경제신문, 인재육성전략: 삼성 S급 인재 국적 초월해 선발, 2005.1.5

10. 서울경제, 대학생·취업 준비생 '고용 브랜드' 선호도, 2006.2.20

11. 서울신문, 이건희 회장의 경영담론, 2005.1.10

12. 서울신문, 2005 재계 인맥-혼맥 대탐구: 삼성그룹, 2005.1.10

13. 서울신문, 〔이젠 사람입국이다〕시스템을 만들자: 삼성전자의 인재교육, 2005.3.21

14. 서울신문, 시스템을 만들자, 삼성전자의 인재교육, 2005.3.21

15. 이데일리, 미국시장 공략기: 삼성전자 메이저리그 진입, 2003.12.11

16. 이데일리, 삼성: 기술준비경영으로 글로벌 승부수, 2005.11.8

17. 월간조선, 집중취재: 세기의 대결-삼성의 경쟁력은 인재 제일주의, 2003.10.1

18. 조선일보, 삼성의 경쟁력, 지역전문가서 나온다, 2004.6.14

19. 조선일보, 삼성만의 디자인 적극 개발하라, 2005.4.14

20. 조선일보, 잘 팔리는 인재는 이유가 있다, 2006.9.25

21. 파이낸셜뉴스, 〔新온고지신〕故이회장, 신입사원 면접엔 반드시 참석, 2003.6.29

22. 파이낸셜뉴스, 삼성 아테네올림픽 공식후원사로 활동, 브랜드 가치 급상승 2004.6.22

23. 파이낸셜뉴스, 삼성 '글로벌 인재' 50%로 확대, 2006.2.3

24. 파이낸셜뉴스, 10대그룹 글로벌 브랜드 굳히기 박차, 2006.8.18

25. 한경비지니스, 아트마케팅이 기업이미지 바꾼다, 2002.8.5

26. 한경비지니스, 2005.7.31

27. 한국경제, 삼성 30대 전문직 남성: 잡코리아 대학생 대상 기업 이미지 조사, 2003.1.21

28. 한국경제, 2003.4.03

29. 한국일보, 삼성 기술준비경영 본격화, 2005.11.9

30. 한겨레신문, 삼성그룹 디자인혁명 총지휘 지승림전무, 1996.1.15

31. 한겨레신문, 주요기업 스포츠마케팅 대격돌, 2005.4.29

32. 한겨레신문, 애니콜 문화마케팅, 2005.6.1

33. 한겨레신문, 삼성, '올림픽마케팅' 본격 착수, 2004.8.4

34. 헤럴드경제, 20만 삼성인 감동시키는 '우제택 스토리', 2005.10.28

35. 헤럴드경제, 미술관 운영 年 1100억 환원, 2005.12.20

36. EBN 뉴스센터, '삼성전자, 대만서 문화마케팅', 2005.10.04

37. Olympic Games-Press Releases, 시드니 올림픽 마케팅 대호평!, 2000.10.21

웹사이트

1. http://www.adic.co.kr

2. http://www.ceoreport.co.kr

3. http://www.raemian.co.kr

4. http://www.samsung.co.kr

5. http://www.youngsamsung.com

6. http://people.samsung.com